Werner Bülow
Der Eremit von Gauting

Werner Bülow

Der Eremit von Gauting

Theodor Freiherr
von Hallberg-Broichs
Leben, Ansichten und Reisen

rosenheimer

Autor und Verlag danken der Flughafen München GmbH für die finanzielle Unterstützung des Buches.

Inhalt

VORWORT

Die Menschheit treibt zuweilen wundersame Blüten. Eine solche präsentiert sich uns in diesem Buch:

Theodor Maria Hubert Isidor Freiherr von Hallberg-Broich (1768-1862), Sertib (General) und Großkomtur des persischen Löwen- und Sonnen-Ordens, ehemals tunesischer Generalleutnant, königlich preußischer Feldobristhauptmann und Oberbefehlshaber des Landsturms am Rhein in den Befreiungskriegen, Ritter des königlich bayerischen Ordens vom heiligen Michael und des kaiserlich russischen St.-Annen-Ordens, Pfalzgraf vom Lateran und Ritter der päpstlichen Orden vom Sporn, Gregors des Großen und vom Heiligen Grabe, Gründer der Kolonie von Hallbergmoos und anderes mehr.

In der Zeit des Biedermeier ist er als »Eremit von Gauting« in ganz Europa und darüber hinaus kein Unbekannter; geschätzt und belächelt, geehrt und verfolgt, mit unstreitigen Verdiensten in Krieg und Frieden, aber zugleich als närrisch verschrien, Weltenbummler, Schriftsteller, Militär und Ökonom, Casanova, Münchhausen und Eulenspiegel, alles in einem; eine facettenreiche Persönlichkeit, vielfach Gegensätzliches in sich vereinigend und in ihrer Komplexität schier nicht zu erfassen.

Wenn dieser Mann heute noch nicht ganz vergessen ist, so verdankt er dies hauptsächlich einer Pionierarbeit, die er in den zwanziger und dreißiger Jahren des vorigen Jahrhunderts leistete: die Kultivierung eines größeren Flächenkomplexes im Erdinger Moos, nördlich von München gelegen, und die damit verbundene Dorfgründung von Hallbergmoos. Aus Hallbergmoos ist eine blühende Gemeinde erwachsen, die heute noch den Namen ihres Gründers trägt.

Was die Lebensgeschichte dieses merkwürdigen Mannes, der in seinen jungen Jahren noch die Glanzzeit Friedrichs des Großen (1740-1786) und im Alter den Aufstieg Bismarcks (1815-1898) miterlebte und mit seinem biblischen Alter, das er erreichte, fast ein ganzes Jahrhundert umspannt, so interessant macht, sind weniger seine unleugbaren Verdienste, sondern vielmehr sein wahrhaft abenteuerliches Leben und seine seltsame, von weise bis närrisch in allen Farben schillernde Persönlichkeit. Kein Wunder, daß unser »Held« nicht wenige Autoren anregte, sein Bild zu zeichnen. Sogar für ein Bühnenstück mußte er herhalten, ein Lustspiel[1], das er sich selber schmunzelnd angeschaut haben soll.

Doch alles, was über den merkwürdigen Mann später geschrieben wurde, waren nicht mehr als flüchtige Skizzen, zumeist in Anthologien zum Thema »Sonderlinge«, oder Artikel in Nachschlagewerken und periodischen Schriften. Die gewollte Kürze dieser Beiträge ließ die Autoren zumeist der Versuchung erliegen, das Skurrile und Absonderliche an diesem Menschen einseitig oder doch über Gebühr herauszustellen und die Leser mehr zu amüsieren als zu informieren.

Selbst wo das Bemühen erkennbar ist, sachlich und unter Ausschöpfung der zeitgenössischen biographischen Zeugnisse zu berichten, mußten zwangsläufig viele Wünsche offenbleiben, weil diese Quellen (hauptsächlich die Veröffentlichungen von Gistel und von Künßberg-Thurnau) selbst als unzulänglich angesehen werden müssen. Bietet von Künßberg lediglich einen Strauß biographischer Notizen, so zeichnet die schwer lesbare, barock-schwülstige Biographie Gistels ein verworrenes und mit Widersprüchen und Irrtümern reichlich gespicktes Bild. Es fällt nicht schwer, reihenweise offensichtliche Unrichtigkeiten festzustellen, die gleichwohl bei späteren Autoren immer wieder auftauchen und so Fehlmeinungen verfestigen mußten. Dabei hat der rheinische Baron, den es später nach Bayern verschlug, eine Fülle von Zeugnissen hinterlassen, die zur Aufschlüsselung seines Lebens und seiner Persönlichkeit Wesentliches beitragen können.

Aus alledem ergibt sich, daß ohne eine kritische Sichtung der biographischen Quellen und ohne Berücksichtigung seiner eigenen vielfältigen Schriften ein zutreffendes Bild vom Leben, Wirken und Wesen des »Eremiten« nicht gewonnen werden kann. Das nachzuholen war mein Anliegen mit diesem Buch. Was darf also der Leser erwarten?

Gewiß eine abenteuerliche Lebensgeschichte, spannend und unterhaltend, und noch etwas mehr. Dank der Auswertung aller erreichbaren größeren Schriften sowie zahlreicher kleinerer Beiträge in Zeitschriften und Tageszeitungen aus der Feder des Eremiten war es möglich, ein weites Spektrum von Ansichten und Überlegungen wiederzugeben, die er zu den verschiedensten aktuellen wie zeitlosen Themen geäußert hat, so daß der Geschichtsfreund daraus schöpfen kann, auch wenn zu bedenken ist, daß der Eremit überwiegend eine Außenseiterrolle gespielt und somit oftmals nicht die landläufige Meinung vertreten hat, bei allem Anhang, den auch er besaß.
Dem Lebensabriß habe ich eine Zitaten-Auswahl beigefügt. Durch Hallbergs eigene Worte soll dem Leser die Persönlichkeit dieses sonderbaren Mannes noch plastischer vor Augen gestellt werden. Alle Zitate sind der heutigen Orthographie angepaßt wiedergegeben.

Um nicht mißverstanden zu werden: bei allem Bemühen, ein möglichst getreues Bild von unserem »Helden« zu zeichnen, erhebt dieses Buch keinen Anspruch auf Unfehlbarkeit. Die Mühe aber hat sich gelohnt, wenn sich sagen ließe, daß ein annähernd zutreffendes Bild gelungen ist.

Der Eremit von Gauting.
nach dem Leben gezeichnet u. gestochen von
Ferdinand Fm. v. Lütgendorf.
1846

Quelle: *Stadtmuseum München*

Turbulenter Auftakt

Man schrieb das Jahr 1768, als in der stürmischen Nacht vom 7. auf den 8. September im Schloß zu Broich[2] im damaligen Herzogtum Jülich dem Schloßherrn Peter Tillmann Freiherr von Hallberg-Broich und seiner Gemahlin Rosa, Baronin von Quadt-Wykeradt auf Alsbach ein Junge geboren wurde, der wegen seiner äußerst schwachen Leibesbeschaffenheit nicht mehr als eine flüchtige, kurze Lebensspur zu hinterlassen versprach: Theodor Maria Hubert Isidor.[3]

Die Familie Hallberg entstammte einem alten schwedischen, ehemals den Namen Hohlberg führenden Geschlecht, das im 16. Jahrhundert in die Rheinlande eingewandert war. Der Vater Peter Tillmann wird als hagerer, gestrenger, ritterlichen Traditionen verhafteter, aber auch verschrobener Mann, die Mutter Rosa als von äußerst zartem Körperbau geschildert, der sie allerdings nicht hinderte, ein biblisches Alter zu erreichen.

Der damals regierende Jülicher Landesherr war nicht etwa, wie man denken könnte, nur einer der zahlreichen Duodez-Fürsten auf dem Fleckerlteppich der deutschen politischen Landkarte. Er war vielmehr einer der Kurfürsten des Heiligen Römischen Reiches Deutscher Nation, ein Wittelsbacher, der sich aus bescheidensten Anfängen zu einem der angesehensten Landesherren im Reich mauserte. So war er nicht nur Herr in dem kleinen Herzogtum Jülich. Er war zudem Herzog von Berg auf der anderen Rheinseite, ferner Pfalzgraf von Neuburg im Bayerischen, vor allem aber auch Kurfürst von der Pfalz, und schließlich sollte er (1777), nach dem Aussterben der Münchner Linie der Wittelsbacher, noch dazu die Herrschaft im Kurfürstentum Bayern antreten.

Zur Zeit des freudigen Ereignisses auf Schloß Broich stand das größere deutsche Vaterland als lockeres, dem gänzlichen Zerfall rapide entgegengehendes Staatsgebilde in den letzten Jahrzehnten seines Bestehens. Nicht so sehr das Reich, als vielmehr die auf seinem Boden erwachsenen Landesstaaten, insbesondere die zu Großmächten aufgestiegenen Länder Preußen und Österreich, bestimmten die Geschicke der deutschen Bürger. Vor allem die Glorie, die den Preußenkönig Friedrich II. (1740-1786), den »Alten Fritz«, umstrahlte, nachdem er erst vor kurzem den Siebenjährigen Krieg um den Besitz Schlesiens mit Bravour – und Glück – durchgestanden hatte, nötigte den deutschen Patrioten Respekt und Bewunderung ab.[4] Doch nicht nur das Kriegsglück hatte seinen Ruhm begründet. Nicht weniger wurde seine Auffassung vom Beruf des Herrschers gepriesen. Der »erste Diener« seines Staates wollte er sein, und um das Wohl seiner Untertanen zu fördern, war ihm sein Herrscheramt von Gott verliehen und nicht um seiner selbst willen; so sah er es.

Seine große Gegenspielerin Maria Theresia, die »grande dame« von Österreich, verdiente zwar ebenfalls hohen Respekt, aber zukunftsweisend waren doch die Impulse, die vom Preußenkönig ausgingen. Er galt als ausgeprägtester herrscherlicher Repräsentant der damals in Mode befindlichen Geistesströmung der Aufklärung, die allenthalben die Gemüter der Intelligenz bewegte. Wer das Gespür dafür hatte, dem konnte es nicht entgehen, daß die Zeit der kirchlich-theologisch bestimmten Kultur unwiderruflich zu Ende ging zugunsten einer profaneren, verstandesmäßig orientierten Lebenshaltung, die zur irdischen Glückseligkeit führen müßte. Es war – um mit Immanuel Kant (1724-1804) zu sprechen – »die Zeit des Ausgangs des Menschen aus seiner selbstverschuldeten Unmündigkeit«, die dazu anhielt, nichts hinzunehmen, was Logik und Vernunft widersprach. Schier unerschöpflich schienen die Möglichkeiten des Fortschritts, sofern nur von der Vernunft der rechte Gebrauch gemacht würde.

Es war ein fortschrittsgläubiges Zeitalter, in das der neue Erdenbürger auf Schloß Broich hineingeboren wurde, eine Aufbruchszeit der Wissenschaft und Technik. Der Engländer James Watt war gerade dabei, seine bahnbrechende Erfindung der Dampfmaschine zu machen (1769). Das Wunder der Elektrizität ließ grenzenlose Möglichkeiten der Nutzanwendung ahnen. In der Chemie wurde 1766 erstmals das Element Wasserstoff hergestellt, andere Elemente sollten bald folgen (Sauerstoff, 1781). In allen Lebensbereichen ging man um des Fortschritts willen mit wissenschaftlicher Gründlichkeit und Methode vor.

Im politischen und gesellschaftlichen Bereich bahnten sich das Ende des ancien régime, der Perücken- und Zopfzeit des Absolutismus, und der Aufstieg eines volksnäheren Systems mit Regierungsteilhabe des Bürgertums an. In den Salons der führenden Gesellschaftskreise sprach man von Philosophen wie Leibniz, Wolff und Kant sowie einigen Engländern und Franzosen, insbesondere von Voltaire (1694-1778).

Am deutschsprachigen Dichterhimmel glänzten Klopstock und Lessing. Noch hellere Sterne sollten demnächst aufgehen. Der junge Goethe (geb. 1749) war zu der Zeit, als Theodor von Hallberg-Broich in der Wiege lag, Student in Leipzig, Schiller war ein Junge von neun Jahren.

Unter den Komponisten feierte Haydn (1732-1809) Triumphe. Man sprach auch schon von dem Wunderknaben Wolfgang Amadeus Mozart (1756-1791).

Es war, kurzum, eine Zeit der Genies, und wie einst Ulrich von Hutten hätte man ausrufen können: »Es ist eine Lust zu leben.« Jedenfalls sah das geistig aufgeschlossene Bürgertum die Zukunft in rosigsten Farben.

Schloß Broich bei Jülich (Gemeindearchiv Hallbergmoos)

In Adels- und Kirchenkreisen teilte man, mit gutem Grund, solche optimistischen Erwartungen keineswegs einhellig, vielleicht auch nicht im Hause Hallberg zu Broich, wenn man die späteren anti-aufklärerischen Äußerungen des Hallbergschen Sprosses bedenkt, zu denen im Elternhaus bereits der Grund gelegt worden sein mag.

Kehren wir zu unserem Neugeborenen zurück, der allen Befürchtungen zum Trotz nicht nur ein kurzes Gastspiel auf Erden gab. Der armselig schwache Säugling gedieh sogar prächtig. Seine erste Erziehung erhielt der Knabe im elterlichen Schloß von seinem Hofmeister, einem Jesuiten, und der vielversprechende Sprößling zeigte früh, was in ihm steckte, freilich nicht immer zur reinen Freude seiner Eltern. Ein leicht zu steuernder, fügsam braver Zögling war er nicht, wie schon der folgende, von ihm selbst erzählte Vorfall zeigt:

Als Knabe von acht Jahren bestieg ich einmal einen Pflaumenbaum, als mein Hofmeister, ein Pater aus dem

Orden der Jesuiten, zufällig unter dem bezeichneten
Baum erschien, sich da niedersetzend, um ein natürliches
Bedürfnis zu befriedigen. Ich tue dasselbe und be-
schmutze den Lehrer dermaßen, daß dieser wütend den
Baum besteigen will, allein dazu nicht imstande ist, weil
ich, sein Discipulus, unaufhörlich auf seine Finger
schlage. Über dem gräßlichen Geschrei, das der Pater
darüber anhebt, läuft das ganze Hausgesinde zusammen
und lacht, bis endlich mein Vater erscheint, der mich
Übeltäter zu einer vierzehntägigen Strafe condemniert,
welche in Einsperrung im Burgverließe bei Wasser und
Brot bestand.

Zu Streichen aufgelegt sollte der Freiherr sein Leben
lang bleiben. Sein zeitgenössischer Biograph Johannes
Gistel drückte es in seiner eigenwilligen Art so aus:
»Hallberg gehörte sein Leben lang zu den Leuten, die
sich die Jugend nicht abgewöhnen.«
Das sollte freilich in weit höherem Maße noch in anderer Hinsicht gelten, als in solchen Streichen, wie wir
sehen werden, aber für einen Jux war er stets zu haben.
Bald nach diesem bösen Bubenstreich finden wir den
kecken Knaben die Schulbank des Kölner Gymnasiums
drücken, und die Kölner Lehrer hatten es nicht leichter
mit ihm als der Jesuitenpater früherer Jahre. So ist es
kein Wunder, daß unser Theodor seine Gymnasialzeit
mit einem Eklat vorzeitig und selbstherrlich beendete.
Als einmal im Geschichtsunterricht Karl der Große
durchgenommen wurde, den der engagierte Professor
mit vernichtender Kritik bedachte und schlicht einen
Räuber und Tyrannen nannte, eine Meinung, die der
Vorstellung des jungen Hallberg gänzlich zuwiderlief,
verlor dieser jede Beherrschung und warf dem Lehrer
kurzerhand sein dickstes verfügbares Lehrbuch an den
Kopf. Natürlich war auch dem damals Zehnjährigen
schon klar, daß dieser spontane Gewaltakt unliebsame
Folgen für ihn nach sich ziehen würde. Um diesen zu

entgehen, machte er sich flugs aus dem Staub und kehrte Schule und Elternhaus den Rücken.

Er verdingte sich als Schiffsjunge bei einem holländischen Rheinschiffer. Es fällt schwer, zu begreifen, was diesen bewog, den Ausreißer, statt ihn schnurstracks wieder seinen Eltern zuzuführen, auf eine Fahrt nach England mitzunehmen. Dort hoffte der freiherrliche Knabe, hochfliegende Pläne zu verwirklichen. Er sah schon eine große Karriere in der britischen Marine vor sich und wollte nichts Geringeres, als Admiral in der Flotte des stolzen Albion werden. Die rauhe Wirklichkeit sah freilich anders aus. Acht Monate diente er als Schiffsjunge. Dabei blieb es. Seine Vorgesetzten hatten Mühe, ihn wieder auf den Boden der Tatsachen zu holen, indem sie ihm klarmachten, daß er als Ausländer nicht die geringsten Aussichten habe, Offizier, geschweige denn Admiral bei den Engländern zu werden. Er möge sich solche Hirngespinste aus dem Kopf schlagen, je schneller, desto besser für ihn. Solchermaßen belehrt und bearbeitet resignierte unser Theodor. Er begrub seine britischen Ambitionen, sagte Britannien fürs erste Lebewohl und ließ sich auf einem Schiff anheuern, mit dem er Kurs auf das damals noch österreichische Triest nahm.

Nachdem er dort mehrere Wochen auf die angenehmste Weise verbracht haben soll – der kecke, aufgeweckte Junge scheint jederzeit fürsorgliche Gönner gefunden zu haben –, zog es ihn weiter in die alte Kaiserstadt Wien, wo er sich als Soldat anwerben ließ. Selbstverständlich erhoffte sich der stets in höchsten Blütenträumen schwelgende junge Wildfang eine schnelle und steile Karriere in der kaiserlichen Armee. Hier konnte es ja keine Ausländer-Barriere für ihn geben. Aber auch in Wien blieb die Enttäuschung nicht aus, und als er erkennen mußte, daß die nüchterne Wirklichkeit wieder einmal ganz und gar nicht seinen romantischen Vorstellungen entsprach, quittierte er kurzerhand als Kadett den Dienst. Jetzt erst besann er sich, daß es doch wohl an der Zeit wäre, in sein rheinisches Elternhaus zurückzukehren. Sicher würde man ihm mittlerweile seinen Schuljungenstreich verziehen haben und froh sein, ihn wohlbehalten wieder in die Arme schließen zu können. Und so kam es auch. Überglücklich empfingen die Eltern ihren »verlorenen Sohn«, und der Vater zeigte sogar unverhohlenen Stolz auf seinen so offensichtlich lebenstüchtigen Sprößling. Somit war die Welt für die Familie von Hallberg auf Broich wieder in Ordnung und blieb es eine Zeitlang.

1783 oder 1785 kaufte der Vater dem hoffnungsvollen Jüngling eine Leutnantsstelle bei dem in Jülich stationierten kurbaierischen Infanterieregiment. Jülich, damals eine Stadt von etwa 4000 Einwohnern, war freilich für den erlebnishungrigen jungen Burschen kein Standort, an dem er es längere Zeit hätte aushalten können. So ist denn auch seine Militärzeit bei den Jülicher Soldaten keine Zeit der Seßhaftigkeit. Schon bald erhielt er von seinem Landesherrn Ausbildungsurlaub. Nach dreijährigem Besuch des Militärkollegs in Metz studierte er an den Universitäten in Heidelberg, Göttingen, Oxford, Paris und Wien Medizin und praktizierte in den Militärhospitälern von Paris und Wien.

Wohl mit Rücksicht auf die Hinfälligkeit des Vaters nahm Hallberg 1790 im Range eines Hauptmanns Abschied vom Dienst bei der kurbaierischen Armee, um ins elterliche Schloß zu Broich einzuziehen.[5]

Nach dem Tode des Vaters 1793 führte der neue Schloßherr für einige Zeit ein ausgelassenes, geselliges Leben im Elternhaus, wobei das närrische Element ausgiebig zum Zuge kam. Schon die Kostümierung, in der sich Theodor seinen Gästen präsentierte, hatte närrischen Charakter: ein abgerissenes Wams, dessen Löcher mit Siegellack verklebt waren, wobei auf dem Siegellack selbstverständlich das Familienwappen nicht fehlen durfte. Bezeichnend ist auch sein Engagement im

Kölner Karneval. Er promoviert zum »Doktor der Narrheit«, wird zum »Ritter der berittenen Künste« geschlagen und als Mitglied in die »Akademie des Wahnsinns« aufgenommen.

Auf die Dauer vermochten ihn solcherlei Zerstreuungen allerdings nicht auszufüllen. Das Fernweh packte ihn, und er schnürte den Ranzen zu großer Fahrt, die ihn über die Schweiz und Italien bis ins ferne Amerika führte. Auf der Rückreise lernte er in Schottland Lady Stuart kennen, in die er, der für Frauenschönheit stets leicht Entflammbare, sich Hals über Kopf verliebte. Sogleich fand die Verlobung statt. Doch dabei blieb es. Drei Tage vor dem Hochzeitstermin segnete die Braut plötzlich und unerwartet das Zeitliche.

Nach diesem süß-bitteren Intermezzo zog der Ruhelose weiter über die Nordsee nach Skandinavien bis hin zum Nordkap.[6] Von dort ging es südwärts über St. Petersburg, wo er dem Zaren seine Aufwartung machte, durch die zum Zarenreich gehörenden baltischen Länder, das aufgeteilte Polen und die Balkanländer nach Konstantinopel; weiter durch Kleinasien und Syrien nach Cypern. Dort legte er eine Verschnaufpause ein. Nach dem Besuch der Insel Rhodos gelangte er nach Griechenland. Schließlich kehrte er über Sizilien, Tunis und Spanien in seine Heimat zurück.

Eine Reise von etlichen Tausenden von Kilometern hatte er hinter sich gebracht, weite Landstrecken davon anscheinend per pedes apostolorum, eine für uns bewundernswerte physische Leistung. Und doch sollte das nur der Anfang eines einzigartigen Globetrotterlebens sein.

NAPOLEON IST AN ALLEM SCHULD

Es war höchste Zeit, daß unser Weltenbummler endlich wieder zu Hause nach dem Rechten sah. Inzwischen hatte sich in der Heimat nämlich einiges verändert, und das nicht zum Besseren. Die europäischen Mächte hatten nicht zu verhindern vermocht, daß die Französische Revolution im eigenen Lande zu einem Schreckensregiment eskalierte, das neben zahllosen anderen Opfern Anfang 1793 auch König Ludwig XVI. und seine Gemahlin Marie Antoinette dem Fallbeil überlieferte. Sie hatten es sogar hinnehmen müssen, daß die französischen Revolutionsarmeen in das deutsche Reichsgebiet eindrangen und Ende 1794 sich vom Oberrhein bis an die holländische Grenze am linken Rheinufer festsetzten. Auch um Broich herum standen mittlerweile französische Besatzungstruppen.

War schon die Französische Revolution als solche für den konservativen Aristokraten zu Broich ein Greuel, so entfachte die Besetzung der linksrheinischen Gebiete – und damit seiner Heimat – durch die Franzosen in dem glühenden Patrioten einen flammenden Haß gegen die westlichen Nachbarn der Deutschen. Jetzt gab es für Theodor nur eine Parole: Kampf gegen die Fremdherrschaft mit allen Mitteln.

So regte er zunächst bei dem Kurfürsten von Köln eine allgemeine Volksbewaffnung an, wie sie Carnot 1793 in Frankreich mit so durchschlagendem Erfolg bewerkstelligt hatte. Daß er sich erst einmal an den Kölner Kurfürsten wandte und nicht an seinen Landesherrn Kurfürst Karl Theodor, mag damit zu erklären sein, daß dieser weitab in München residierte. Der Grund könnte aber auch der gewesen sein, daß Karl Theodor in seinen rheinischen Landen eine allgemeine Volksbewaffnung bereits angeordnet oder durchgeführt hatte.[7] Da Hallberg mit seiner Volksbewaffnungsidee – wie es scheint – erst kurz vor der Jahrhundertwende hervortrat, Karl Theodor aber 1799 starb, könnte auch dies eine Erklärung sein.

Die Idee der Volksbewaffnung war weder utopisch noch neu, wie Frankreichs Beispiel zeigte, aber bei dem Kölner Kurfürsten wurde Hallberg abgewiesen. Nicht besser erging es ihm beim Kaiser in Wien, der ihn zwar anhörte, aber auch nicht verstehen konnte oder wollte, ja, noch schlimmer, ihn sogar in den Narrenturm sperren ließ.

In Wien haben mich die Allerdümmsten in den Narrenturm gesperrt, da ich die Audienz bei Kaiser Franz II. nicht beendigen wollte und immer wieder von der Notwendigkeit eines gewaltsamen Widerstandes gegen den meiner Ansicht nach nur scheinbar unbesiegbaren Napoleon zu reden anfing, obwohl der Kaiser nichts davon wissen wollte . . .

Nach acht Tagen wurde der unbequeme Appellant als »gebessert« entlassen.

Was in Frankreich möglich war, das ließ sich im Heiligen Römischen Reich Deutscher Nation noch lange nicht verwirklichen. Zu schwierig war es, alle Sonderinteressen der deutschen Staatenwelt unter einen Hut zu bringen. Teilweise wurde die allgemeine Volksbewaffnung zwar auch in deutschen Landen, insbesondere am vberrhein, durchgeführt. In den unmittelbar weniger betroffenen Landesteilen war die Neigung dazu geringer; einzelne Fürsten sahen in einer Volksbewaffnung sogar eine Gefahr für ihr absolutistisches Regiment. Enttäuscht, aber nicht resignierend, kehrte Hallberg über Ungarn, die Karpaten und die Alpenländer auf sein Schloß am Niederrhein zurück.

Inzwischen hatte sich ein junger General korsischer Abstammung an die Spitze des französischen Staatswesens gesetzt: Napoleon Bonaparte (1799, Erster Konsul). Auf ihn sollte sich der ganze Haß Hallbergs wie in einem Brennspiegel konzentrieren.

Eines Nachts drangen unvermutet französische Soldaten in Hallbergs Schloß ein und führten den Schloßherrn als Häftling ab. Man beschuldigte ihn »des tendierten Mordes und gewaltsamen Überfalls zusammen mit einer verkleideten Räuberbande« auf französische Beamte. In 36 Tagesmärschen verbrachte man ihn nach Paris, wo er über acht Monate ohne Verhör und Prozeß bei Wasser und Brot gefangengehalten wurde. Endlich erreichte Hallbergs Mutter durch Kniefall vor der Kaiserin Josephine deren Fürbitte bei Napoleon und auf diese Weise die Freilassung ihres Sohnes.[8] Er war aber noch nicht ganz zu Hause angekommen, da griff man ihn erneut auf und führte ihn dem französischen Präfekten in Koblenz zu, der ihn sicherheitshalber in seinen Gewahrsam nahm, weil er den Freigelassenen für einen Entflohenen hielt. Erst als Paris die Freilassung bestätigte, ließ der Präfekt ihn laufen.

Es bedarf keiner ausschweifenden Fantasie, sich vorzustellen, daß die Art und Weise, wie das napoleonische Frankreich sein Interesse an unserem Freiherrn gezeigt hatte, nicht dazu angetan war, seine Gefühle gegen die französische Nation und ihre Repräsentanten in Zuneigung umzukehren. Nun setzte er erst recht alle Hebel in Bewegung, dem verhaßten Feind zu schaden, wo er nur konnte. Statt in Ruhe erst einmal seine soeben wiedererlangte Freiheit zu genießen, schiffte er sich nach Tunis ein, wo es ihm allen Ernstes gelang, den Bey zu überreden, ihm eine Streitmacht zur Eroberung des von den Franzosen besetzten Italien anzuvertrauen. Im Falle seines Erfolges, so rechnete er sich aus, könnte wohl eine Königskrone für ihn abfallen, nämlich die eines Königs von Korsika. Welch ein

Triumph, welch eine perfekte Rache an dem verhaßten Napoleon, würde ausgerechnet er, der von Napoleon so Gedemütigte, das Mutterland Bonapartes unter sein Zepter bringen!

So fantastisch die Idee auf den ersten Blick erscheinen mag, einen bescheidenen Realitätsbezug hatte sie schon. War nicht ein Verwandter noch vor wenigen Jahrzehnten, kurz bevor die Insel 1768 an Frankreich überging, als Theodor I. Träger der korsischen Königskrone gewesen? Die Rolle, die dieser Verwandte auf dem korsischen Königsthron gespielt hatte, war zwar nicht eben rühmlich gewesen, hatte er doch sein Königreich zuletzt seinen Gläubigern verpfänden müssen. Immerhin: eine Beziehung zwischen dem Geschlecht der Hallberg und dem korsischen Königsthron hatte bestanden. Indessen sollten seine italienisch-korsischen Träume verwehen wie eine farbenprächtige Seifenblase, die schon der leiseste Hauch zerstört, noch ehe der Anfang des Abenteuers gemacht war.

Dabei hatte alles zunächst überraschend gut angefangen. Der Bey war auf seine Pläne eingegangen und hatte ihm als seinem Generalissimus eine Armee von 10.000 Mann bewilligt. Um den frischgebackenen General noch fester an sich zu binden, hatte er ihm nahegelegt, zum Islam überzutreten, und überdies hatte er ihm eine seiner Töchter zur Frau angeboten. Hallberg aber paßte sich anscheinend nur insoweit der Landessitte an, als er sich einen Harem mit zwanzig Mädchen zulegte.

Aber ohne daß der eben noch vom Bey so auffallend Ausgezeichnete wußte, wie ihm geschah, wendete sich über Nacht das Blatt. Der Bey wollte plötzlich nichts mehr von ihm wissen und schob ihn ab. Ein Schiff hatte Auftrag, ihn nach Griechenland zu bringen.

Noch bevor er dort ankam, erwartete ihn eine neue Überraschung. Sein Schiff wurde von den Engländern aufgebracht, und der erklärte Napoleon-Feind unter dem Verdacht, Spion Napoleons zu sein, verhaftet und nach England abgeführt. So änderten die Briten vorerst seine Reise und die anderen Pläne. Wie anders war es doch gekommen, als er es sich einst erträumt hatte! In seiner kindlichen Phantasie hatte er sich schon als britischen Admiral gesehen. Nun genoß er die Gastfreundschaft Englands als Häftling im Tower.

Sechs Monate brauchten die Briten, um ihren fatalen Irrtum zu erkennen. Am Ende wurde Hallberg für den halbjährigen Freiheitsentzug mit einer Entschädigung von 600 Pfund Sterling abgefunden.

Nun hatte unser irrfahrender Odysseus wieder Geld und keine sonderliche Eile, nach Hause zu kommen. Vielleicht würden ihn dort zur Abwechslung mal wieder die Franzosen einsperren. Also sah er sich erst einmal gemächlich in England und Schottland um, nun schon zum dritten Mal, und dann machte er auf dem Heimweg in Brüssel Station. Hier knüpfte er zu der attraktiven und charmanten jugendlichen Freiin Caroline von und zu Olne zum Hause Birkt in Brabant zarte Bande, die sich bald zum Ehebund ausweiten sollten.

Unser freiherrlicher Vagabund hatte mit der edlen Brabanterin sicher keine schlechte Wahl getroffen. Während der ganzen, rund zwei Jahrzehnte währenden Ehe sollte sie sich ihm in unwandelbarer Treue blind ergeben erweisen, obwohl ihr dies zuweilen nicht leicht gefallen sein kann. Zwei Kinder gingen aus der Ehe hervor: ein Sohn Hermann Siegburg, geb. 1814, und eine Tochter, Franziska Amalie, geb. 1813 oder 1815.[9] Ob man die Ehe Hallbergs mit Caroline von Olne als rundum glücklich bezeichnen kann, ist zu bezweifeln. Der vagabundierende Freiherr war im Grunde für den Ehestand nicht geschaffen. Er hat die eheliche Bindung sicher mit den Jahren in wachsendem Maße als Last empfunden. Zwar wollte er in den ersten Ehejahren seine junge Frau immer bei sich haben, andererseits war sie seinem unbändigen Drang in die Ferne ein Hemmschuh.

Sie aber, die sensible Caroline, wird sich das Eheglück zuweilen anders vorgestellt haben. Sie hatte unter den Absonderlichkeiten ihres Ehegatten nicht wenig zu leiden. Zunächst jedenfalls genoß Hallberg das junge Eheglück auf seinem Broicher Schloß so gut es die Zeitumstände erlaubten. Immerhin befand sich seine niederrheinische Heimat noch in Feindeshand, und das weitere Schicksal war dunkel verhangen, auch wenn sich seit kurzem im Imperium des korsischen Eroberers bedenkliche Risse auftaten.

Die Einverleibung Oldenburgs, dessen Regent wie der Zar dem Hause Gottorp-Holstein angehörte, gab den letzten Anstoß zum Krieg Napoleons mit Rußland, der die große Wende einleiten sollte. Der Rußlandfeldzug des Franzosenkaisers endete 1812 schlicht mit einem Fiasco des Sieggewohnten. Die unterdrückten Völker und erzwungenen Verbündeten atmeten auf. Der große Befreiungskampf begann und mit ihm die erste »große Zeit« Hallbergs.

Im Namen der verbündeten Kriegsgegner Napoleons erhielt er 1813 von Freiherr von Stein den Auftrag, das Volk am Niederrhein zu bewaffnen – nun endlich doch! – und mit dieser, in kürzester Zeit auf dreißigtausend Mann gebrachten Truppe als Feldobristhauptmann am Verfolgungskampf gegen die angeschlagene französische Armee teilzunehmen. So sehen wir Hallberg 1813/1814 an der Spitze des niederrheinischen Landsturmaufgebots. Am 6. Januar 1814 überschritt er mit seinen Kolonnen bei Koblenz den Rhein; Tag und Nacht in seiner Nähe sein Adjutant – genauer gesagt seine Adjutantin. In der schneidigen Offiziersuniform steckte nämlich niemand anders als seine junge Frau!

Als man der Behelfsarmee Hallbergs nicht mehr bedurfte, weil inzwischen reguläre Truppen in ausreichender Stärke zur Verfügung standen, um den Stoß ins Innere Frankreichs zu führen, hatte man für Hallberg eine andere Verwendung. Er erhielt den Auftrag, das ganze Land zwischen Maas und Rhein militärisch zu organisieren, eine Aufgabe, die der schon bewährte Organisator allem Anschein nach glänzend löste. Binnen kurzem soll er nicht weniger als 250 Bataillone zu je 1000 bis 1500 Mann unter Waffen gebracht haben! Wenig später treffen wir ihn als »General-Marsch-Commissär« der kaiserlich-russischen Truppen auf dem Vormarsch nach Paris an.

Nach der Einnahme der französischen Hauptstadt durch die Verbündeten machte man Hallberg zum »General-Polizeidirektor aller verbündeten Armeen in Paris«. 1815 finden wir ihn auch noch auf dem Posten eines »Festungsbaucommissärs der Stadt Köln«.

Zweifellos waren die Jahre 1813 bis 1815 eine, vielleicht die Glanzzeit seines Lebens, eine Zeit, in der er sich unbestreitbare Verdienste um die deutsche Nation erworben hatte, die nicht nur in den Stellungen und Funktionen, die er innehatte, sichtbar geworden sind. Deutlicher sprechen andere Anerkennungen, wie zum Beispiel die der Stadt Siegburg. Noch 1844 gedenkt die Stadt dankbar seiner:[10]

»Die Stadt Siegburg ist ihrem ehemaligen Beschützer, dem hochverehrten Ritter Freiherrn von Hallberg unendlichen Dank schuldig für seine ihr bei dem ungestümen Eindringen der kaiserlich-russischen Armee im Jahre 1813 dargebrachte große Aufopferung. Dieser Ort stand damals mit dem Großherzogtum Berg unter französischer Herrschaft und wurde von einem fremden barbarischen Volke, dessen Sprache, Sitten und Gebräuche hier ganz unbekannt waren, mit so gewaltigen Anforderungen occupirt, daß plötzlich Beamte und Bürger aller Garantie ihres Vermögens und Ansehens beraubt wurden.«
»Unter den ungeheuren Anforderungen der fremden Kriegsmacht hätte Siegburg damals sicher erliegen müssen, wenn nicht der Ritter Frh. v. Hallberg in seiner Eigenschaft als deutscher Offizier von hohem Range hier erschienen wäre und sich als kräftiger Vermittler und Vertreter dieser Stadt den Befehlshabern der kaiserlich-russischen Armee angekündigt, Erstere in

Schutz genommen und seitdem, mittels Aufopferung seiner selbst, das Einquartierungs- und Lieferungswesen, den Brückenbau und, was besonders den Dank der Gemeinde in Anspruch nimmt, die Dislokation der Truppen besorgt und geleitet hätte.«

Hallberg zeigte seinerseits seine Verbundenheit zu der Stadt, indem er seinem Sohn den Vornamen Siegburg gab.

Hallberg war sich seiner Verdienste im Kampf gegen das napoleonische Frankreich sehr wohl bewußt und, da Bescheidenheit in seinen Ansprüchen nicht gerade seine Art war, erhoffte er sich zum Dank, mindestens Herzog von Jülich zu werden. Statt dessen wurde er lediglich mit Orden dekoriert, welche die Potentaten nichts kosteten und daher allzu großzügig verteilt wurden, wie Hallberg meinte, so daß er den ihm vom Preußenkönig Friedrich Wilhelm III. (1797-1840) verliehenen Roten Adler Orden ablehnte, weil ihm die Annahme eines Ordens, der auch bonapartistischen Beamten zuteil geworden war, unmöglich sei. Das Verleihungsschreiben hatte zugleich die Zusage enthalten, daß man ihm die nächste im Bezirke von Köln freiwerdende Landratsstelle offeriere. Nach der Zurückweisung des Ordens stand natürlich auch dieses Angebot nicht mehr zur Disposition.

Das war aber erst der Anfang der Abkühlung seiner Beziehungen zum neuen preußischen Landesherrn. Es sollte bald noch schlimmer kommen.

Hallberg war tief enttäuscht, und er hatte Muße, nachdem der Krieg vorüber war, sich seinen Frust von der Seele zu schreiben. So entstand das unter Beihilfe seiner Brüder verfaßte zweibändige Pamphlet mit dem seltsamen, gänzlich sachfremden Titel: »Deutsches Kochbuch für Leckermäuler und Guippées«[11], das in kürzester Zeit drei Auflagen erreichte. Für die Wahl des Titels »Kochbuch« waren Zensurgründe maßgebend. So getarnt konnte das Buch wenigstens erst einmal erscheinen. Später wurde es dann auch verboten. Was bot das »Kochbuch« den Lesern so Gefährliches? Es enthielt ein Ragout von Sentenzen, Epigrammen, Anekdoten, Horaz-Auszügen, Verordnungen und Informationen, wie sie in einem Lexikon stehen können und immer wieder dazwischen eingestreut Klagen über die unseligen Verhältnisse des Rheinlandes unter der Preußenherrschaft. Nicht Einheimische, mit Land und Bevölkerung vertraute Männer säßen in der Verwaltung, sondern durchweg Fremde und – schlimmer noch – Kollaborateure mit dem ehemaligen Feinde. Die für das Rheinland geltenden Gesetze seien die Frankreichs und nicht Preußens. Die hohen Abgaben kämen am wenigsten der Bevölkerung zugute, der sie abgepreßt würden, so daß man im Lande eher das Gefühl habe, von einer Besatzungsmacht beherrscht als wie Landeskinder behandelt zu werden.

Diese Klagen ziehen sich wie ein roter Faden durch das Buch, und sie lösten offensichtlich das große Interesse beim Publikum aus. Nicht weniger, allerdings in anderer und nicht erwünschter Weise, interessierte sich die preußische Regierung für das Pamphlet. Ihre Reaktion war ein Haftbefehl gegen den Hauptautor. Vielleicht hatte unser Theodor so etwas geahnt. Jedenfalls konnte man seiner nicht habhaft werden. Schloß Broich war verwaist, denn der Schloßherr war wieder einmal, diesmal begleitet von seiner Frau, auf Reisen gegangen.

Eine ausgedehnte Skandinavientour hatten sich die beiden vorgenommen. Zunächst ging es nach Dänemark. Von dort setzten sie nach Norwegen über, das damals mit Schweden in Personalunion vereinigt war.

Kein Land gefällt mir besser wie Norwegen, kein Volk liebe ich mehr,

schwärmte Hallberg. In den Norwegern sah er

... ein glückliches Volk, wo alte patriarchalische Treue, Hospitalität, Biedersinn, Hülfe und wahre Gottesverehrung wohnen.

Eigentlich wollte er bis zum Nordkap gelangen, aber die Jahreszeit war schon weit fortgeschritten, und seine Frau wollte nicht, da kapitulierte er. Von Norwegen zogen die beiden nach Schweden. Kreuz und quer durchstreiften sie im Kutschwagen die beiden Länder.

Das Reisen in Norwegen und Schweden ist sehr wohlfeil; wir haben über tausend Stunden darin herumgefahren, mithin über 600 Pferde gebraucht und die haben bei reichlichem Trinkgeld nicht über 25 Louisdor gekostet!

Wieder einmal schwelgte Hallberg in kühnen Karriereträumen. Diesmal sah er sich schon als Nachfolger Karls XIII. auf dem schwedischen Königsthron. Mit dem alten kinderlosen König ging es zu Ende. 1818 starb er. Im Jahre 1810 hatte er den ehemaligen bonapartistischen General Bernadotte als Kronprinzen adoptiert, der nun daran war, König von Schweden zu werden. Es gab aber eine Adelsopposition im Lande, die mit dem Franzosen als König von Schweden nicht einverstanden war, und ihr bot sich als Kandidat der rheinische Freiherr Theodor von Hallberg-Broich an, der herausgefunden hatte, daß es eine weitläufige genealogische Beziehung zwischen ihm und der alten schwedischen Dynastie der Wasa gab. War doch die Gemahlin des 1560 verstorbenen Begründers der Dynastie, König Gustav Wasa I., eine Schwester der Gemahlin seines Ahnherrn Christian von Hohlberg gewesen.

Ein wenig weit hergeholt war die Verbindung schon. Aber, was machte das schon, wenn ausreichende Kräfte hinter ihm standen, die seine Ansprüche unterstützten? Freilich stellte sich bald heraus, daß gerade in diesem Punkt seine Pläne auf Sand gebaut waren. Um einen Machtkampf mit Bernadotte aufzunehmen, fehlten ihm Geld und Soldaten. So opferfreudig oder -fähig war sein Anhang im schwedischen Adel nun auch wieder nicht, und so kam es nicht einmal zu einem ernstzunehmenden Versuch einer Verwirklichung seiner Pläne. Bernadotte zeigte sich offensichtlich wenig beeindruckt von den Gerüchten, die ihn erreichten. Er ließ Hallberg lediglich unter Polizeiaufsicht stellen und schließlich ausweisen. Wieder war unser »Möchtegernkönig« um eine Illusion ärmer und eine Erfahrung reicher geworden.

Beschäftigt man sich näher mit der Biographie Hallbergs, ergeben sich zumindest hinsichtlich der zeitlichen Einordnung dieser Vorgänge Probleme. Auf der Rückreise seiner 1817 durchgeführten Skandinavientour[12] kann der Putsch kaum vorbereitet worden sein. Zu dieser Zeit war Karl XIII. noch König. Der Putsch zielte aber nicht auf ihn, sondern auf Bernadotte. Auch wurde Hallberg offensichtlich 1817 nicht ausgewiesen.

Vielleicht hat sich das Geschehen erst 1818 bei einem erneuten Besuch Schwedens oder gar erst Anfang 1819 abgespielt. Diese Annahme würde auch dazu passen, daß der gegen Hallberg erlassene Haftbefehl von seiten des Preußenkönigs unmöglich schon 1817 ergangen sein kann, da er erst durch die Veröffentlichung des »Kochbuches« ausgelöst wurde. Das Kochbuch ist jedoch frühestens Ende 1818 in erster Auflage erschienen, wenn es zutrifft, wie allgemein behauptet wird, daß es in wenigen Wochen drei Auflagen erlebte, denn die 3. Auflage ist nachweislich 1819 in Düsseldorf herausgekommen.

Wenn sich auch die Zusammenhänge heute im einzelnen vielleicht nicht mehr aufklären lassen, kann wohl angenommen werden, daß an dem geplanten Staatsstreich etwas dran war. Ehrgeizige Hoffnungen auf den schwedischen Thron hat er sich gemacht, denn das Alltägliche war nicht seine Art, und für hochfliegende Pläne war er immer zu haben.

Da ihm das Königreich Preußen jedenfalls nunmehr (1819) verschlossen war, mußte er sich nach einem anderen Refugium umsehen, denn auch der leidenschaftlichste Weltenbummler braucht ein Zuhause.

Da besann er sich darauf, daß er ja vor dem von der französischen Expansion ausgelösten Umbruch Untertan des bayerischen Kurfürsten gewesen war. Der neue Bayernherrscher, Bayerns erster König Maximilian I. (1799/1806-1825), hatte ihn überdies gewürdigt und geehrt und ihm den königlich bayerischen Hausorden vom heiligen Michael verliehen. Also fragte er in München an, ob seine Niederlassung in Bayern genehm sei, und aus der gnädigen Antwort seiner Majestät erfuhr er, daß sie es war.

So kreuzte der rheinische Baron an einem Septembertag des Jahres 1819 an der Isar auf, um sich in der Nähe des von ihm hochgeschätzten Bayernkönigs ein neues Heim zu suchen.

Brief an König Maximilian I. (Bayerisches Hauptstaatsachiv; Abt. III: Ministerium des kgl. Hauses Nr. 37)

EREMIT VON GAUTING

Seine Bleibe fand der mittlerweile über Fünfzigjährige, sich noch lange nicht zum alten Eisen Zählende, in dem idyllisch im Würmtal gelegenen Schloß Fußberg, nur wenige Wegstunden von der bayerischen Haupt- und Residenzstadt München entfernt. Dicht daneben lag das renommierte Dorf Gauting, das als »Bratananium« schon zur Zeit der Römer ein bedeutender Marktort am Schnittpunkt zweier römischer Fernstraßen war.

Ganz in der Nähe befand sich auch die berühmte Reismühle, der sagenhafte Geburtsort Karls des Großen, seines Lieblingshelden, der in Hallbergs Kindheitstagen eine schicksalhafte Weichenstellung bewirkte.

Angenehm und vorteilhaft schien ihm vor allem die Nähe der bayerischen Hauptstadt mit der Residenz seines verehrten und geliebten Königs Maximilian I., mit dem er schon vor Jahren in Korrespondenzkontakt gestanden hatte und der seinen warmen Eifer und seine treue Anhänglichkeit für das bayerische Königshaus mit der Verleihung des königlich bayerischen Hausordens vom heiligen Michael gewürdigt hatte.

Schloß Fußberg mit seinen Gütern, bis zur Klosterenteignung (Säkularisation) von 1803 zum Benediktinerkloster Andechs gehörig, hatte Hallberg um 15.000 Gulden erstanden. Hier richtete er sich nun in seiner gewohnten Art mit Familie und Dienerschaft ein. Teils wurden die Wände

»... mit Dezimal-, Stadt- und Festungsplänen, Landkarten, Bildern und Drucksachen aller Art bekleistert, teils erwarteten den Beschauer Reihen berühmter, in Kupfer gestochener Helden der Vorzeit neben den greulichsten Karikaturen. Hier blickt ihm das Brustbild einer Dame, dort eines Gelehrten entgegen, dazwischen grinsen Szenen aus Holbeins Totentanz, oder Studentenwitze aller Art nehmen die Stelle zwischen Todesanzeigen, Theaterzetteln und den Konterfeis europäischer Nationaltrachten, nautischen und anderen landwirtschaftlichen Darstellungen ein.«[13]

Türen und Fensterstöcke wie auch die einfachen roh gezimmerten Fichtenholztische, Bänke und Stühle haben wir uns – wie auch in seinen anderen Wohnungen – zinnoberrot angestrichen vorzustellen, seine Schlafstatt bestand aus einer auf dem Fußboden ausgelegten Matratze, ein Bärenfell diente als Bettdecke. Ungewöhnlich sollte, wie er selbst, auch seine Umgebung sein.

Hallberg war nicht der Mann, sich in seinem Schloßgemäuer zu verkriechen wie ein Einsiedler, ein Eremit, und doch wurde ihm gerade dieses Etikett von den Leuten seiner neuen Umgebung angehängt. Als Eremit von Gauting wurde der rheinische Baron bald zum weithin bekannten Original. Der Beiname verdrängte seinen eigentlichen Namen und blieb sein Leben lang an ihm haften, obwohl seine Gauting-Fußberger Zeit nicht einmal ganze sieben Jahre währte. Das hatte seinen Grund vornehmlich darin, daß der Beiname ihm selbst willkommen war und er ihn deshalb selber häufig verwendete, zum Beispiel um seine Autorschaft in seinen zahlreichen Zeitschriften- und Zeitungsbeiträgen, aber auch bei seinen Büchern, zu bezeichnen.

Wie aber kam Hallberg zu diesem Beinamen, wo er doch eigentlich kaum etwas mit einem Eremiten gemein hatte? Vermutlich war es sein ungewöhnliches, so gar nicht alltägliches und landesübliches Erscheinungsbild. Der mittelgroße hagere Herr mit dem markanten hochstirnigen Schädel, seinem langen, bis auf die Brust reichenden weißen Bart und seiner exotischen Kostümierung, der riesigen Bärenfellmütze, dem mit Orden und Bändern reich geschmückten kaftanartigen Rock, der roten Leibbinde, den ebenfalls roten Juchtenstiefeln und dem Wehrgehänge mit Schleppsäbel und Pistolen, mag er den Menschen seiner Umgebung wie eine Art Rübezahl in Militärausgabe erschienen sein.

Eigentlich war der Eremit von Gauting Gutsbesitzer, doch ist in dieser Beziehung Bemerkenswertes von ihm oder über ihn nicht zu vernehmen. Die Verwaltung seiner Güter überließ er anderen. Ihn füllten hauptsächlich zwei Tätigkeiten aus: Reisen und Schreiben. Zunächst, in der ersten Fußberger Zeit, war das Schreiben an der Reihe, genauer gesagt, das Kartenzeichnen. Selber Reisender aus Leidenschaft, wollte er sich auch anderen Reiselustigen nützlich machen. Mit Bienenfleiß verfertigte er innerhalb eines Jahres (1820) eine Art Reiseatlas, bestehend aus sechs Kartenblättern, auf denen er die Postrouten großer Teile Europas mit allen größeren Orten sowie die Reisezeiten, die man damals zwischen diesen Orten benötigte, eintrug. Unter kartographischen Gesichtspunkten amateurhaft simpel, müssen die Karten dennoch den Reisenden jener Zeit gute Dienste geleistet haben. Jedenfalls bemerkt die damals angesehene, in München erscheinende Zeitschrift »Eos« in ihrer Kultur- und Literatur-Beilage vom März 1821:

»Der Freiherr von Hallberg hat sich durch die Bekanntmachung dieser Karten, deren sechs in einem Jahr anzufertigen bei allen vorhandenen Vorarbeiten dennoch viel Fleiß beweist, um die reisende Welt allerdings ein Verdienst erworben.«

Hallberg – ein Wegbereiter der Touristik! Er nannte seine Karten »Postkarten«, weil sie die Postrouten und Postreisezeiten enthielten. Die hier wiedergegebene Postkarte von Deutschland (Buch-Vorsatz) beschränkt sich nicht auf das Deutschland in den politischen Grenzen von 1820, das heißt die damaligen Grenzen des Deutschen Bundes. Sie hält sich im Westen in etwa an die Grenzen von 1789, bezieht aber darüber hinaus die damals (1789) unabhängige Republik Holland mit ein.

Im Osten dagegen lehnt sie sich an die weitere Ausdehnung des Reiches von 1795 an. Mit den politischen Grenzen nahm er es also nicht so genau. Vielleicht war das sein Wunsch-Deutschland.

Nachdem der »Eremit« für seinen Geschmack lange genug am Schreibtisch gesessen hatte, fand er es an der Zeit, den Wanderstab hervorzuholen und durch den Isarkreis, ungefähr das heutige Oberbayern, zu tippeln, um auf diese Weise seine neue Heimat näher kennenzulernen. 1822 erschien ein Büchlein, in dem er diese Fußreise beschrieb, unter dem sprachlich verkorksten Titel: »Reiseepistel durch den Isarkreis«.

Er begeistert sich für die oberbayerische Landschaft, ohne sich freilich bei Naturschilderungen auch nur annähernd so lange aufzuhalten wie bei seinen vielfachen Rückblenden in die Historie der Orte, die er auf seiner Wanderung berührt. Überhaupt beschreibt er nicht nur, was er sieht. Er macht sich ganz allgemein Gedanken über Land und Leute, Volk und Staat der Bayern. Für den Volksschlag der Bayern findet er nur Komplimente.

Das bayerische Volk bestehet noch in seinem kraftvollen Urstoff, höflich, bieder, herzlich und gut. In gewaltigem, großem Selbstgefühl und hoher, drohender Nationaltapferkeit stemmt es sich brüstend und den Tod verachtend jedem ehrenvoll entgegen, der ihm sein Nationalgefühl und seine Freiheit nehmen will. Sein Baiern und seinen König über alles liebend, führt es mit Recht im alten Wappen den Löwen, dem es gleicht. Es ist der Kern des deutschen Volkes und weiß wohl, daß es noch der alten Präge gleicht.

Den Bayernkönig (Maximilian I.) preist er überschwenglich. Er ist ihm über alle Kritik erhaben. Was dem Eremiten am bayerischen Staate nicht gefällt, und da gibt es einiges, wird nicht dem König, sondern dessen Ratgebern angelastet.

Das Vorzüglichste, was seine heilsam tätige Regierung charakterisiert, ist das Kataster und die Landesaufnahme wie kein Reich sie hat.

Doch gerade diese fortschrittliche Tat ist weder dem Geiste des guten Königs Maximilian entsprungen noch hat er sie gegen Widerstände durchsetzen müssen oder durch sein persönliches Engagement energisch vorangetrieben, so daß ihm ein besonderes Verdienst daran zuzumessen wäre. Tatsache ist vielmehr, daß ausgerechnet des Eremiten Erzfeind Napoleon auf die Landesaufnahme drängte, freilich weniger um Bayern, als sich selbst im Hinblick auf seine militärstrategischen Interessen einen Gefallen zu tun.[14]

Von der Konstitution, die Er seinem Volke mit so vieler Liberalität gegeben hat[15], sage ich nichts, weil ich das Konstitutionswesen und Unwesen für eine Krankheit des Zeitalters halte, die . . . nur dem Lande mehr Kosten und in seinem kranken Finanzzustand keine Hilfe noch Linderung bringen kann . . .
In den Zeiten, als die Menschen noch nicht von Freiheit, Konstitutionen und dergleichen Quark schwatzten, reiste man ohne Paß, wohin man wollte.

Seine schroffe und befremdende Außenseiter-Meinung über den »Konstitutionsquark« ist maßgeblich davon beeinflußt, daß er den damals verbreiteten Ruf nach Verfassungen und darin festgelegter Bindung und Einschränkung der Allgewalt des Monarchen zugunsten einer Nationalrepräsentation als eine in der französischen Revolution wurzelnde Idee ansah. Die französische Revolution aber verabscheute er aus ganzer Seele. Sie war für ihn nichts als ein einziges großes Übel und alles, was sich auf sie zurückführen ließ, verfiel für ihn dem gleichen Verdammungsurteil.

Letztendlich war aus ihr ja auch die von ihm meistgehaßte Feindfigur Napoleon hervorgegangen. Dieser

Haß aber machte ihn blind und zu objektiver Beurteilung unfähig für das neue, unverkennbar französische Einflüsse aufweisende Regierungssystem in Bayern. Die Französische Revolution wiederum war für den Eremiten eine Frucht der Ideen der Aufklärung, so daß er nicht genug auch über sie lästern konnte. Was immer er in Bayern oder anderswo an den Zuständen seiner Zeit schlecht fand, war für ihn die Ausgeburt der »ekelhaften Aufklärung«. Typisch dafür ist das folgende Zitat:

In den Städten wünschen sich viele den Napoleon, andere wollen Konstitutionen; eigentlich wollen sie, ohne es zu wissen, die Knute, welcher unser Zeitalter zueilt; sie nennen es Aufklärung und Größe und können bei allem eingebildeten Wissen nicht sehen, daß ihre hochgepriesene Aufklärung der Schnellschritt zur Barbarei ist. Napoleon ließ an einem Tage mehr Menschen totschlagen als die Pest in einem Jahr würgen kann; deswegen nennt ihn der Aberwitz den Großen und uns aufgeklärt.

Eine Äußerung, aus der seine ganze, eine sachliche Auseinandersetzung versperrende Voreingenommenheit spricht.

Auf unterschiedliche Weise macht der Eremit dann wieder zu Hause von sich reden. 1821 erhob ihn die kleine oberbayerische Stadt Aichach zu ihrem Ehrenbürger.[16] Aichach war nicht irgendein bayerisches Städtchen. Der Ort hatte (und hat) eine besondere Beziehung zur Dynastie des bayerischen Herrscherhauses, dem die nahe gelegene, zu Anfang des 13. Jahrhunderts zerstörte Burg Wittelsbach ihren Namen gab. Da fand es der Eremit als eine Ehrenpflicht der Stadt, dafür zu sorgen, daß der ehrwürdigen Dynastie, die bereits seit mehr als sechs Jahrhunderten die Geschicke Bayerns lenkte, am Platz der alten Burg ein imposantes Denkmal gesetzt würde. Die Idee wurde nach Überwindung erheblicher finanzieller Schwierigkeiten verwirklicht. Dem Eremiten kam das Verdienst zu, Initiator und herausragender privater Förderer dieses Werkes zu sein.

Größeres, allerdings nicht so uneingeschränkt positives Aufsehen erregte ein anderes Engagement des Eremiten. Er meldete sich in den politischen Auseinandersetzungen jener Tage als Verfasser einer »Adresse der Einwohner von Gauting« zu Wort, die anscheinend weniger durch ihre Überzeugungskraft als durch eine bis ins Lächerliche gesteigerte Einseitigkeit Schlagzeilen und die Gautinger zu einem Begriff machte.

Der damals bekannte Stuttgarter Schriftsteller und Kritiker Wolfgang Menzel kommentierte die »Gautinger Adresse« so:[17]

> ». . . als die liberalen Kammeroppositionen auftauchten, äußerte sich Hallberg so unhöflich gegen sie, daß man seitdem alle Unterzeichner loyaler Adressen und Wähler ministerieller Landtagskandidaten sprichwörtlich Gautinger nannte.«

»Gautinger«, das waren sozusagen die Musterknaben königlich bayerischer Untertanen, unkritisch und blind der hergebrachten Obrigkeit ergeben.

Solange der Eremit zu Hause weilte, war sein wichtigstes Handwerkszeug die Schreibfeder. Die Alternative zum Schreiben wäre für ihn der Müßiggang gewesen, aber der war ihm ärger als der Tod. Also schrieb er und war so produktiv dabei, daß sich die unterhaltenden Biedermeierjournale wie etwa »Der bayerische Volksfreund«, »Der Nationalkorrespondent« oder »Der reisende Teufel« und wie sie alle hießen, aber auch die Tageszeitungen, seiner regen Mitarbeit erfreuen konnten. Zu den unterschiedlichsten Fragen wußte er Bescheid zu geben und sich sachkundig aufzuspielen, ob es sich um technische Neuerungen wie Dampfmaschinen, die Eisenbahn oder das Großvorhaben des Donau-Main-Kanals handelte, um andere zeitgeschichtliche Fragen, wie um 1830/31 den Polen-Aufstand und die Cholera-Epidemie, oder um ein ganz anderes Thema wie das, ob Tieren Verstand zuzumessen sei. Zu allem wußte der Eremit Auskunft und Rat. Sogar das einzige unfehlbare Mittel gegen den Krebs meinte er zu kennen. Man höre und staune: das Tabakrauchen!

Gewiß gab es Zuschriften, die zu veröffentlichen sich die Journale sträubten, aber keineswegs waren alle seine Beiträge nur lächerliche Ausgeburten eines verschrobenen Sonderlings; vielmehr gewann er sich mit seinen Tagesschreibereien offensichtlich nicht wenige »Fans«, wenn auch die Kritiker und Spötter nicht ausblieben.

Kostproben dieser Beitragsvielfalt können der Zitaten-Auswahl entnommen werden.

Noch im gleichen Jahr, als er seine mehrwöchige Fußreise durch Oberbayern machte und die Auszeichnung eines Ehrenbürgers der Stadt Aichach empfing, brach er samt Familie zu einer ausgedehnten Italienreise auf. Diesmal sprachen die Umstände dafür, sich der »Wurst« als Reisegefährt zu bedienen. Also wurde der langgestreckte, zinnoberrot angestrichene, im übrigen ungepflegte Kutschwagen reisetüchtig gemacht, vier oder sechs Gäule davorgespannt, und ab ging die Fahrt über die Alpenkämme ins »Land, wo die Zitronen blüh'n«.

Weit über ein Jahr fuhren die Hallbergs durch das Land, das seit jeher die Sehnsucht der reisenden Deutschen war. Wieder hielt er seine Eindrücke und die ihn bewegenden Gedanken in einer ausführlichen, später als Buch erschienenen Niederschrift fest. Nur den eigentlichen Höhepunkt dieser Reise, den denkwürdigen Besuch beim Papst in Rom, überging er. Davon erzählte er nur im vertrauten Kreis.

Unbegreiflich findet er es, daß sich so viele Reisende über das italienische Volk beklagen, er

. . . finde es überall zuvorkommend, höflich und dienstfertig, und wenn wir billig sein wollten, so würden wir gestehen müssen, daß die Italiener zu allen Zeiten weit mehr

Ursache hatten, sich über uns Deutsche, als wir über sie zu beschweren.

Seine Naturbeschreibungen sind nicht ausgesprochen poesievoll, obwohl er für Naturschönheiten durchaus nicht blind ist. Wichtiger sind ihm jedoch die Beobachtungen bei den Menschen, ihrer Wesensart, ihrer wirtschaftlichen und sozialen Verhältnisse. Breit läßt er sich immer wieder über die geschichtliche Entwicklung der Orte, die er auf seiner Reise besucht, aus, wobei er sich gerade in Italien nicht genug tun kann, den Kontrast zwischen der großen Zeit der ruhmreichen alten Römer und der »Nullität« ihrer derzeitigen Nachfahren herauszustellen. Daß er häufig in Schwarzweißmalerei verfällt, ist sicher nicht der geringste Einwand, den man gegen seine Darstellung erheben kann.

Herausragende Erlebnisse auf dieser Reise sind eine Audienz, die ihm und seiner Familie vom Papst gewährt wird, und die besondere Auszeichnung durch Papst Pius VII. (1800–1823), der ihm den Titel eines »Eques militiae auratae comes Palatinus lateranensis« verlieh, das heißt eines »Pfalzgrafen vom Lateran«, und zudem dekorierte er den Eremiten mit dem Orden vom Goldenen Sporn mit der (geradezu unglaublichen) Ermächtigung, diese Auszeichnung selbst an Würdige zu verleihen. Eine ziemlich leichtfertige Blankovollmacht, die der Heilige Vater da ausstellte, so möchte man meinen, denn der Eremit machte anscheinend ausgiebig von dieser Befugnis Gebrauch und, wie es scheint, wohl nicht immer im Sinne des Papstes. Jedenfalls trug er keine Bedenken, den päpstlichen Orden auch an Protestanten und Juden zu verleihen.

Man fragt sich überhaupt, wieso Hallberg zu dieser doch recht ungewöhnlichen Ehrung kam. Was hatte er schon an Verdiensten für die katholische Kirche aufzuweisen? Er war kein strenggläubiger Katholik oder gar Streiter oder Verkünder für die Papstkirche. Sein Glaubensbekenntnis, das er selbst einmal schriftlich formulierte, könnte man sogar eher als freireligiös bezeichnen.

Es ist nur ein Gott. Weg mit der Täuschung der Bibel und des Vedams. [18] *Er, der Millionen Welten schuf, Er, der sie erhält, der sie einst zerstören und wieder hervorrufen wird. Er ist es, den ich anbete, fürchte und liebe, den Schöpfer.*

Tue nichts Böses, tue Gutes, wo Du kannst, forsche nach Weisheit, verdamme und richte Keinen; ehre den Greis, warne den Jüngling, hilf den Strauchelnden, gib den Armen. Denke, was Du warst und einst sein wirst, und hast Du so gelebt, so stirbst Du ruhig.

Das sieht nicht einmal nach einem christlichen Glaubensbekenntnis aus, eher nach einem außerkirchlichen, schlichten Gottglauben.

Die große Kunst, an der gerade Italien so reich ist, vermag er, so hat man den Eindruck, nur ungenügend zu würdigen. Immer, wenn er große und vielgerühmte Meisterwerke betrachtet, wird die pflichtschuldige Bewunderung sogleich überlagert und verdrängt von der Überlegung, welche sozialen Werke zur Behebung des Elends man von deren Geldwerte bestreiten könnte.

In den folgenden Jahren nach seiner Rückkehr aus Italien, 1823-1825, hielt sich unser Eremit zwischen kürzeren und längeren Touren, so in die Schweizer Bergwelt oder in die Niederungen seiner vertrauten Niederlande, nur sporadisch in seinem Fußberger Domizil auf.

Spätestens seit 1824 aber beschäftigte ihn ein Projekt, das bald seine ganze Tatkraft in Anspruch nehmen und ihn für Jahre einigermaßen seßhaft machen sollte, allerdings erst nach einem dazu nötigen Ortswechsel. Es ging ihm um die Trockenlegung und Kultivierung der großen Moorflächen im Norden und Nordosten der bayerischen Metropole nach Freising und Erding zu. Diese riesige Moorfläche unmittelbar vor den Toren Münchens war für ihn eine Herausforderung.

Wenn es ihm gelänge, hier eine größere Fläche in brauchbares Bauernland zu verwandeln, dann könnten viele Menschen von dem verderblichen, zu Lastern und Verbrechen führenden Müßiggang befreit und in Arbeit und Brot gebracht werden. Eine solche Tat würde gewiß bei dem ihm wohlgesinnten guten König Maximilian die gebührende Anerkennung finden und den Dank der Nachwelt sichern. Schon des öfteren hatte er sich bei der Betrachtung großer Meisterwerke der bildenden Künste wie auch angesichts aufwendiger Opernspektakel vorgestellt, wieviel Elend und Not von den Unsummen hätten behoben werden können, die für derartige ästhetische Genüsse ausgegeben wurden. Im Jahre 1825 stand sein Entschluß fest, und auch die Grobplanung war wohl fertig, nachdem er beim König das Terrain sondiert und dabei nicht nur dessen Zustimmung, sondern auch die Bereitschaft gefunden hatte, das Projekt zu fördern.

Der letzte Schritt zur Vorbereitung der Umsiedlung in seinen neuen Wirkungsraum war der Ankauf des ehemals fürstbischöflich freisingischen Schlosses und Gutes Birkeneck bei Freising gegen Ende 1825. Das Schloß war 1706 von Fürstbischof Johann Franz Ecker von Kapfing erbaut worden und hatte bis zur Säkularisation 1803 den fürstbischöflichen Herren als Jagdschloß gedient. Im Frühjahr 1826 zog nun unser Eremit mit seiner Familie und Dienerschaft hier ein.

Hallbergmoos

Als Hallberg in Birkeneck Einzug hielt, hätte kein Platz für einen wirklichen Eremiten besser ausgesucht sein können. Birkeneck war ein einsam gelegenes Jagdschloß in einer weitgehend unbewohnten, ausgedehnten Sumpfgegend. Wie hat doch der Eremit das nördliche und nordöstliche Umfeld von München noch 1831 charakterisiert?

. . . weiter wie bis Ismaning geht kein Mensch, weil da Lappland anfängt.

Aber Hallberg wollte gar nicht abseits aller Geselligkeit hausen. Ganz im Gegenteil: »Hospitalität« – Gastfreundschaft – stand für ihn ganz oben an, und er sollte genügend Anlässe finden, sie zu beweisen.

Wie er sein neues Heim ausstaffierte, in dem er knapp anderthalb Jahrzehnte hausen sollte, freilich mehr auf Reisen als seine Häuslichkeit genießend, vernehmen wir aus zwei Beschreibungen, die uns hinterlassen sind. Die eine stammt aus der Feder seines Biographen Gistel, der den Eremiten 1831 kennenlernte; die zweite von einem Deutschrussen, der ein paar Jahre später Gast in Birkeneck war. Gistels Schilderung ist respektlos und unverblümt abfällig und vielleicht, weil es dem Autor auf eine möglichst eindrucksvolle Darstellung ankam, etwas zu dick aufgetragen. Die Beschreibung, die uns der russische Gast vermittelt, ist dagegen voll des Lobes und der Bewunderung für den Eremiten und läßt den Verdacht aufkommen, daß sie von Schönfärberei nicht frei ist. Dennoch sind sie wohl miteinander in Einklang zu bringen und interessant.

Daraus ergibt sich folgendes Bild:

Anfangs waren die Räumlichkeiten, in denen er seine Gäste empfing, »tapeziert« mit einem Sammelsurium von Papierfetzen unterschiedlichster Art: Landkarten, Festungsplänen, Theaterzetteln, Landschaftsbildern, Todesanzeigen, Erlassen und Verordnungen, Visitenkarten und anderem mehr. Als die feuchten Wände diesen Firlefanz abzustoßen begannen, wurden die Papiere abgerissen und die Wände mit kolossalen Porträtfresken bemalt, auf denen der Hausherr seine Lieblinge aus der Ritterzeit wie den wilden Heinz von Stein, Hanns Dollinger, Götz von Berlichingen und andere darstellen ließ. Aber auch später Geborene genossen die Ehre, die Wände zu zieren, wie etwa ein tirolischer Polizeidirektor.

Auch die Fresken wollten auf dem Gemäuer nicht halten, so daß der Eremit nunmehr die Wände der Räume im Erdgeschoß täfeln ließ. Auf jeder der quadratischen Tafeln prangte jetzt auf silberfarbenem Grund in goldenen Lettern der Name einer Persönlichkeit. Die Auswahl der Männer und Frauen, denen diese Ehre zuteil wurde, läßt kein Prinzip erkennen. In kunterbuntem Durcheinander fanden sich da »Große« und »Kleine«, Feinde und Freunde, Verehrte und Gehaßte darunter, so Nero, Caligula, Charlotte Corday, Robespierre, Henriette Sonntag, Napoleon neben dem Buchhändler Palm, Andreas Hofer und der Herzog von Enghien. Zwischen solchen bekannten Namen aus der Geschichte dann schlichte Münchner oder Freisinger Bürger wie Bachmayr, Käsbohrer oder Hochkreuzpointner.

Im Speisesaal des Obergeschosses prangten bald wieder Kolossalgemälde verehrter Rittergestalten, diesmal wohl auf großen Bildtafeln. Auf seine »Walhalla« mochte er nicht verzichten.

Das Mobiliar des Eremiten war, von den Frauengemächern abgesehen, von spartanischer Einfachheit, schlicht und geschmacklos. Der lange Eßtisch und ein

Dutzend Stühle waren aus Fichtenholz roh gehobelt, seine Schlafstatt eine auf dem Fußboden liegende Matratze, ein weißes Bärenfell als Zudecke. Sämtliche Möbel wie auch die Türen und Fensterstöcke trugen seine Lieblingsfarbe Zinnoberrot.

Die Behausung des Eremiten war als Kuriosum sehenswert, so auch ein riesiger Vogelkäfig, in dem er die seltsamsten Vögel, die er von seinen Reisen mitgebracht hatte, hielt, oder die zwei großen ungarischen Wolfshunde mit Namen »Alarich« und »Attila«, die den Schloßeingang bewachten, sowie etliche Füchse, Marder und Iltisse, die allesamt mit Namen bedacht waren.

Wiewohl der Eremit ein offenes Haus führte und oft Gäste, nicht selten auch Ausländer, bei sich sah, wurde die einfache Kost, die der Schloßherr sich und den Seinen verordnet hatte, auch den Gästen zuliebe im allgemeinen nicht aufgebessert.

Bei Tische, wo stets »Nanino«, eine zahme Dohle, zwischen den dampfenden Schüsseln herumstolzierte, wurde zum Trinken vornehmlich Wasser gereicht. Bier gab es wenig und zumeist nur abends, Wein nur zu besonderen Anlässen. Daß aber die Gäste willkommen waren, wußten sie spätestens, wenn ihnen der Hausherr, ein leidenschaftlicher Pfeifenraucher, die ungebeizten Rippen und Blätter seines Bauerntabaks anbot, den er im Schloßgarten angebaut hatte.

Einmal lud der Eremit alle Bürger Freisings, insbesondere »alle schönen Mädchen« nach Birkeneck zum Frei-Kaffee mit Musik und Tanz ein. Ein anderes Mal ließ er – an einem 15. Juli – das Nationalfest der Gefangennahme Napoleons feiern. Schon Tage zuvor hatte er vier Trompeter nach Freising entsandt, die den Bürgern die Einladung des Eremiten lautstark verkündeten. Ja, »die ganze Welt« sollte sich als eingeladen betrachten, und es kam viel Volks, aus Freising auch die Geistlichen mit ihren Schulen. Der Hauptspaß des Spektakels ergab sich aus einem Berg von Feigen, gekrönt von einer Büste des verhaßten Korsen. Emsig waren die Gäste bemüht, den Berg schnabulierenderweise abzutragen, bis endlich unter lautem Jubelgeschrei die Büste Napoleons, wie programmiert, herabstürzte und in Scherben ging.

Die Feigen stellen die Feigheit vor, wie er sich an dem Tage betrug, da er sich mit römischer Tapferkeit in sein Schwert hätte stürzen sollen,

schrieb der Eremit seinem Freund Gistel.

Wo immer der Eremit damals zu sehen war, ob zu Hause, auf Spaziergängen oder auf Fahrten in die Stadt, trug er gewöhnlich einen altdeutschen Samtrock, der mit allen seinen Orden behängt war. Aber das war ihm noch nicht bunt genug. So ließ er seine Sterne und Kreuze noch in doppelter Größe auf seinen Rock stikken und alle Knopflöcher mit bunten Bändern schmükken. Am Hals trug er alle seine Auszeichnungen noch einmal, mitunter sogar mehrfach, aufgehängt an Bändern aller Farben. Er muß ausgesehen haben wie ein Harlekin.

Unter dem Überrock trug er nur ein Kleidungsstück: eine bis zum Hals reichende Hose, die zugleich als Kamisol diente. Hohe Reitstiefel und zumeist eine Mütze aus Eisbärenfell, auf die er selbst an wärmeren Tagen nicht verzichtet haben soll, gelegentlich auch eine weite bauschige Samtmütze, die ihm über die Ohren hing, ein Schleppsäbel und zwei Pistolen am Gürtel als wehrhafte Zutaten, vervollständigten sein ausgefallenes Habit, wenn er mit seiner »Wurst«, davor und dahinter eskortiert von je zwei berittenen Dienern in Livrée, am Café Tambosi in München vorfuhr. Wen wunderts, daß nicht nur die Kinder ihm nachliefen.

Der Eremit von Gauting war aber nicht nach Birkeneck gezogen, um dort in aller Beschaulichkeit seinen Marotten nachzugehen. Vielmehr sollten die Jahre in Birkeneck sein vielleicht produktivster Lebensabschnitt werden und ihm sogar einen Hauch von Unsterblichkeit

48

Schloß Birkeneck bei Freising (Gemeindearchiv Hallbergmoos)

verschaffen. Das Werk, das er sich vorgenommen hatte, war die Kultivierung des Erdinger Mooses und die Gründung einer Siedlung, die bis heute seinen Namen trägt und sich zu einer stolzen, blühenden Gemeinde entwickelt hat: Hallbergmoos.

Dabei steckte die Durchführung dieses Vorhabens voller Überraschungen und unvorhergesehener Schwierigkeiten, so daß das Ergebnis seiner Anstrengungen beträchtlich hinter seinen Erwartungen zurückblieb. Der Grundgedanke war einfach: ein Arbeitsbeschaffungsprogramm, das, wenn einmal der Anfang gemacht war, Hunderten, vielleicht einmal Tausenden von Untertanen, die bisher dem verderblichen Müßiggang ausgeliefert waren, Arbeit und Brot geben konnte und nicht nur Almosen, welche die Armut nicht beseitigten, sondern nur konservieren würden. Zugleich würde damit die Kriminalität an ihren Wurzeln bekämpft, was allemal besser sei als die Bestrafung.

Gegen das gemeine Lumpengesindel hält man Zucht-, Arbeits- und Strafhäuser und eine Menge Gendarmen, die alles zusammen zehnmal mehr kosten, als wenn man die Herde Gefangener anwiese, Einöden und Möser zu kultivieren.

Nun hatte er endlich Gelegenheit, ein solches Unternehmen ins Werk zu setzen, und er packte es an.

Zu dem Gut Birkeneck gehörte damals ein Areal von 476 Tagwerk Moorgründe und 160 Tagwerk Wald, das er für 18 000 Gulden erworben hatte. Teils zur Arrondierung, teils zur Anlage einer Kolonie kaufte er weitere 285 Tagwerk hinzu, so daß er insgesamt 921 Tagwerk für 20 855 Gulden erstand.

Mit finanzieller Unterstützung durch die königliche Regierung legte Hallberg ein Netz von Kanälen an mit einer Gesamtlänge der Hauptkanäle von 21 006 bayerischen Fuß.[19]

Schon diese Arbeiten waren von so massivem »Störfeuer« durch betroffene Besitzer, Behörden und Gerichte begleitet gewesen, daß er einmal drauf und dran war, das Unternehmen gänzlich aufzugeben. Ein besonders hartnäckiger Widersacher hatte ihm mehrmals einen Abzugsgraben wieder zugeschüttet, ein Bürgermeister mit einigen dreißig seiner Dorfeinwohner Hallbergs Arbeitern die Werkzeuge weggenommen. Es gab Klagen und Widerklagen, und die Landgerichte Freising und Erding taten sich schwer, einen billigen Ausgleich zwischen den Streitenden zu finden. Ohne Rückhalt seitens des Königs wäre das Vorhaben sicher gescheitert. Nachdem ein Schreiben der königlich bayerischen Regierung vom 1. Dezember 1827 – ein Datum, das man als die Geburtsstunde von Hallbergmoos ansehen kann – Hallbergs Absicht einer Dorfgründung abgesegnet hatte, entwarf er den Plan einer Dorfanlage. Auf insgesamt 370 Tagwerk Grund sollten sich künftig 14 Kolonisten-Familien niederlassen. Im Straßenbild sollte sich sein geliebtes Brabant widerspiegeln. Dementsprechend wollte er die Häuser »im niederländischen Stil« erbauen lassen. Er hatte auch schon Namen für die Straßen parat, die unverkennbar »seine Handschrift« trugen. So sollten die drei vorgesehenen Hauptstraßen »Waterloo-«, »Brienner-« und »Leipziger« Straße heißen, drei Schlachtorte aus den Befreiungskriegen gegen Napoleon. Sogar den einzelnen Häusern waren Namen zugedacht: »Ludwig der Bayer«, »Tilly«, »Carl II.«, »Gustav Wasa«, »Maximilian I.«, »Schweppermann«, »Blücher«, »Arnold Rindsmaul«, »Max-Emanuel« und »Otto von Wittelsbach«.

Der ganze Ort sollte zu Ehren seines geliebten Königs den Namen Ludwigsburg tragen, und der Eremit, der große Träumer, sah ihn schon im Geiste eine großartige Entwicklung nehmen. Vielleicht, so spekulierte oder träumte er, könnte seine Ortsgründung für die Residenz- und Hauptstadt München einmal von ähnlicher Bedeutung werden wie Tivoli für Rom.

Gebaut wurde zunächst einmal nur ein Haus, zu welchem 25 Tagwerk Grund gehören sollten, sozusagen das »Pilotprojekt«. Unser Bauherr bot das Haus für 5250 Florin (eine respektable Summe!) an, fand aber dafür keinen Käufer. Nun versuchte er es im Wege einer öffentlichen Verlosung an den Mann zu bringen; doch auch diese Aktion wurde ein Fehlschlag. Die Zahl der Loskäufer blieb weiter unter seinen Erwartungen, so daß er sich am Ende entschließen mußte, die gezahlten Einsätze zurückzuerstatten. Erst Jahre später kaufte ein Einwanderer aus Baden das Anwesen um 4000 Gulden.

Entmutigt durch den Fehlschlag mit dem Verkauf des ersten Musterhauses, änderte Hallberg seine Planung. Er baute nun, gestärkt durch eine königliche Finanzspritze von 2000 Gulden, vier kleinere Häuschen, die er für 600 Gulden rasch absetzen konnte. Zu jedem Haus gehörten 5 bis 10 Tagwerk Grund. Außerdem errichtete er 24 sogenannte »Hausgerüste«, für je 130 Gulden käuflich, zu denen jeweils ein paar Tagwerk à 50 Gulden erworben werden konnten.

51

»Die Hausgerüste, die nicht schon der Wind umgerissen hatte, waren in kürzester Zeit vergriffen und in erbärmliche Hütten, wie sich bei den dürftigen Vermögensverhältnissen der Eingewanderten erwarten ließ, umgewandelt«,

schrieb 1851 der Pfarrer Johann Georg Schnell, ein kritischer und auf den Freiherrn nicht gut zu sprechender Mann.

»Die . . . elenden Wohnhäuser ohne Stadel und Stallung und die öden 5–10 Tagwerk waren nichts weniger als einladend und anziehend, um Leute als Kolonisten zu gewinnen, auf die sich einige Hoffnung setzen ließ«,

meinte er.

Zu der Zeit, als der kritische Geistliche seine Gedanken und Beobachtungen veröffentlichte (1851), war die Kolonie auf 74 Familien in 66 Häusern angewachsen und hatte auf Verlangen König Ludwigs I. den Namen Hallbergmoos erhalten.

Was waren die Kolonisten für Menschen? Nach Pfarrer Schnell waren es Leute,

»denen man wegen geringen Vermögens in ihrer Heimat die Verehelichungsbewilligung versagt hatte, oder die bereits anderswo abgehaust, Taglöhner, die nach Grundbesitz trachteten, und endlich solche, die einen ungetrübten Leumund anderswo eingebüßt hatten, wovon die Badenser, die schon als Familien einwanderten, eine Ausnahme machen.«

Mit der Seelsorge hatte es so angefangen, daß zunächst der Eremit selbst die Funktionen des Geistlichen wahrnahm, wenigstens insoweit, als er im Schloß vor einem Altar aus der ehemaligen Schloßkapelle vor seinen Domestiken und Kolonisten die Messe las. Das tat er ohne Scheu, glaubte er sich doch aufgrund seiner päpstlichen Auszeichnung hinreichend legitimiert. Auch ein Gebetbuch für die Kolonie Hallbergmoos verfaßte er selber. Es wurde in der von ihm am Ort ins Leben gerufenen lithographischen Anstalt gedruckt, ist aber heute leider nirgends mehr zu finden. Vielleicht liegt das daran, daß die kirchliche Aufsichtsbehörde die Absegnung verweigerte.

Wo er ein Dorf baute, da mußte freilich auch eine Kirche sein. Also bemühte er sich, verschiedene kirchliche Gruppen dafür zu interessieren. Eine Landeskollekte zur Erbauung einer Kirche wurde ihm nicht bewilligt. Endlich griff König Ludwig selber ein und stellte ihm aus der Kabinettskasse die nötige Summe zur Verfügung, und der Bau wurde in Angriff genommen, und zwar nach Hallbergs Bauplan. Der sah nichts Geringeres vor als eine getreue Kopie von Santa Maria Maggiore in Rom, freilich in wesentlich verkleinertem Maßstab. Die Grundsteinlegung fand 1832 statt, die Einweihung 1834 zu Ehren der heiligen Therese, der Namenspatronin der geliebten und verehrten Gemahlin des Königs Ludwig.

1839/40 folgte endlich der Bau eines Schulhauses. Auch an die Ansiedlung von Gewerbebetrieben hatte der Eremit gedacht. Von der lithographischen Anstalt war schon die Rede; sie gehörte aber nicht zu den ersten Betrieben. Das waren vielmehr eine Mühle und eine Gastwirtschaft mit dem typischen Namen »Otto von Wittelsbach«.

Um die Einrichtung von Webereien und Spinnereien war er bemüht. Den Tabakanbau propagierte er, nachdem ein Anbauversuch mit Samen aus Virginia geglückt war. Letztendlich wurde von seinen hochfliegenden Plänen nur ein bescheidener Teil verwirklicht. Ein wesentlicher Grund dafür lag darin, daß er die von ihm gewünschte Befreiung der neu angesiedelten Betriebe von der Gewerbesteuer für die ersten Jahre nicht durchsetzen konnte und die ursprünglich interessierten Unternehmer sich nach anderen Standorten umsahen.

Obwohl der kultivierte Boden bei gehöriger Düngung im Durchschnitt einen immerhin mittelmäßigen Ertrag hätte erbringen können, war die Existenz der Ansiedler vorerst kümmerlich. Die Armut war nicht beseitigt, sondern konserviert worden, was der Eremit eigentlich ge-

rade hatte vermeiden wollen. Jedenfalls entwarf Pfarrer
Schnell von der Kolonie ein düsteres, vielleicht vorein-
genommen zu dunkles Bild. Nicht nur, daß er der Kolonie einen üblen Ruf bescheinigte. Nach seiner Statistik
waren in der Zeit von 1839-1851 nicht weniger als dreißig Brände geschehen, was nicht mit rechten Dingen zu-
gegangen sein konnte. Schnell dehnte er sein negatives
Urteil überdies auf den Gründer der Kolonie aus, dem
er den Charakter eines uneigennützigen Wohltäters ab-
sprach, und den er ins Zwielicht eines gerissenen Ge-
schäftsmannes rückte, der bei dem Unternehmen durchaus seine Schäfchen ins trockene gebracht habe.

Der Pfarrer stand mit seiner Kritik, zumindest, was
die Einschätzung der Moorkolonie betraf, nicht allein.
Immerhin hatte auch der Landrat des Isarkreises 1833
die Ansiedlung als »verunglückt« bezeichnet und eine
beantragte Unterstützung abgelehnt.

Hallberg nahm die Kritik nicht widerspruchslos hin.
Er mobilisierte seine Freunde wie auch die Dorfbewoh-
ner zu Gegenerklärungen und rechtfertigte sich selbst in
einem ausführlichen Schreiben an den Landrat des Isarkreises. Dieser hatte den Unterstützungsantrag vor allem mit der Begründung abgewiesen, daß der Bedürftig-
keit nicht mit einer einmaligen Unterstützung abzuhelfen sei, weil die verunglückte Anlage der Kolonie nur
Kümmerexistenzen geschaffen habe, so daß das Geld in
ein Faß ohne Boden fließen und keine Abhilfe zum Besseren geschaffen würde.

Hallberg bestritt entschieden, daß es in der Kolonie
eine überdurchschnittliche Armut gebe und daß Bettelei
von den Hallbergmoosern in größerem Umfang betrieben
werde als in anderen Ortschaften, die von der Regierung
durchaus als unterstützungswürdig angesehen würden.

Hallberg hatte wahrhaftig mit großen Widerständen
zu kämpfen, solange er mit der Kultivierung und Kolonisierung im Erdinger Moos beschäftigt war. Hören wir
ihn selbst:

Als ich mit der Austrocknung anfing und Frösche fan-
gen ließ, wo jetzt Weizen wächst und Häuser stehen, und
die Leute das Schilf und die Streu, welche sie bis an die
Knie im Wasser stehend auf den Schultern heraustrugen,
wo sie jetzt, um besser Gras und Heu zu haben, mit vier
Pferden fahren können, da zogen die Freisinger Bürger
scharenweise zu Hunderten gegen mich aus, um meine
Arbeit zu hindern; die Bauern der umliegenden Dörfer
belagerten förmlich meine Burg . . .

Man könnte fast glauben, das spielte sich in unseren
Tagen ab!

All ihr Lärmen und Geschrei hat gegen meinen Willen
nichts gefruchtet. Es kam das Landgericht, die Regierung
und Kommissarien und der Hauptkanal und alle übrigen
sind gemacht worden, wie ich es gewollt habe. Nachdem
nun der Kampf mit der Unvernunft zu Ende ist, und die
Umgegend das Gute eingesehen und nachgemacht, die
jährliche Viehseuche aufhört und der Staat Taxen und
Steuern zieht, die ich geschaffen, jetzt glaubt der Land-
rat, daß mit Schimpf und Spott das Gute aufzuhalten
wäre . . . Die Steuern, welche der Staat bei meinen Kultu-
ren doch freigeben sollte, habe ich bis jetzt für die Kolonie
bezahlt; ich gab ihnen und der Schule mit 48 Kindern bis
jetzt das Holz frei; Kartoffeln, viele Wagen voll; Holz
und andere Sachen zu Bau und Einrichtung.

Auch der Gemeindevorstand von Hallbergmoos hatte
die Attacken Schnells umgehend mit Gegenangriffen
beantwortet, indem er diesem »ein nichts weniger als
fleckenloses Gewissen« sowie »leicht erweisliche Ge-
brechen und Fehltritte« vorwarf.

Mit dem Vorwurf der Profitgier gegen Hallberg lag
der Pfarrer sicher schief. Die Kolonisten standen geschlossen hinter ihrem Existenzgeber. Sie fühlten sich
keineswegs ausgenommen, hatten sie doch Hilfe und
Unterstützung erhalten, für die sie ihm ausdrücklich

dankten. Und wie zu Recht bemerkt worden ist (Franz Schaehle), liefert sein Lebenslauf zahlreiche Hinweise dafür, daß es Hallbergs Art nicht war, sich auf Kosten anderer und womöglich gar noch armer Leute zu bereichern. Daß seine Birkenecker Transaktionen nicht samt und sonders Verlustgeschäfte waren, ist ihm nicht zu verübeln und ändert daran nichts.

Was aber immer von den Vorwürfen, die ihm von seinen Kritikern gemacht wurden, letzten Endes zu halten sein mag: den Grundstein zu einer heute blühenden Siedlung gelegt zu haben, die zum 31. Dezember 1975 mit 1593 Einwohnern ausgewiesen wird, ist und bleibt unbestritten sein Verdienst. Der Name »Hallbergmoos« ist auch auf die nach der Gebietsreform gebildete größere Gemeinde übergegangen.

Die Widrigkeiten, denen sich Hallberg wegen seiner Moos-Kultivierung ausgesetzt sah, machten jedoch nicht den einzigen Kummer aus, der ihm in Birkeneck bereitet wurde. 1832 verlor er seine Lebensgefährtin Caroline im Alter von nur 36 Jahren. Über ihre Todesursache sind verschiedene Meinungen verbreitet worden. Freiherr von Künßberg-Thurnau, der Herausgeber der hinterlassenen Schriften und Papiere des Eremiten, wohl dessen Enkel Mathias, geboren am 2. April 1842, müßte es eigentlich am besten wissen. Er gibt an, daß Caroline an Sumpffieber starb. Eine andere Version wird uns noch begegnen.

Zwei Kinder waren aus der Ehe hervorgegangen: Hermann Siegburg, geb. 1814, und Amalie Franziska, geb. 1813 oder 1815. Hallberg verlor mit der Verstorbenen eine ihm blind ergebene, treue Seele, soviel sie auch unter den Launen ihres Gemahls zu leiden gehabt hatte. Wir erinnern uns, daß sie ihm 1813/1814 in Männerkleidern als Adjutant ins Feld folgen mußte; ein Ansinnen von ihm, dessen Erfüllung der zarten und empfindsamen Frau schon nicht leicht gefallen sein dürfte. Aus einer anderen Quelle ist uns eine dazu passende Episode überliefert.

August Lewald erzählt in seinem Buch »Panorama von München« (1835):

> »Ein fremder Virtuose erzählte, daß er ihn (den Eremiten) in Stockholm angetroffen habe in Begleitung seiner Frau, die männliche Kleider damals tragen mußte. Er gab sie für einen ihn begleitenden Knaben aus, und die Sache hätte nicht das geringste Aufsehen gemacht, wenn die arme Frau nicht ihrer Entbindung nahe gekommen wäre, und sonach der possierliche Knabe einen enormen Umfang angenommen hätte. Der Freiherr ward gezwungen, seine Frau weiblich zu kleiden und mußte die Stadt verlassen.«[20]

Andere Vorkommnisse zeugen von einem gelegentlich recht rüden und unwürdigen Umgang mit seiner Frau. Einmal, so berichtet Gistel, erhielt die Freifrau Besuch von der Herzogin Auguste von Leuchtenberg, der Gemahlin des Stiefsohnes von Napoleon, Eugène Beauharnais.[21] Als die Besucherin die Frau des Hauses in den Wohnräumen des Schlosses nicht antraf, brachte sie eine Hausmagd zu dem zaghaft-zögernden Geständnis, die gnädige Frau werde schon den ganzen Tag im Taubenschlag gefangen gehalten. Hungrig und weinend konnte die Ärmste aus ihrem engen Gefängnis befreit werden.

Und welcher Teufel mag den Schloßherrn geritten haben, der an der ehelichen Treue seiner Frau eigentlich nicht den geringsten Zweifel haben konnte, daß er ihr eines Tages zumutete, ihre Liebe zu ihm dadurch unter Beweis zu stellen, daß sie vom Obergeschoß des Hauses hinabspringe. Caroline, die stets Willfährige, überwand sich auch dazu, wagte den Sprung aus fast fünf Metern Höhe und überstand ihn sogar mit heilen Gliedern. Gistel meinte allerdings dazu, daß Caroline seitdem auffallend kränkelte und daß vermutlich ein verdeckter Schaden, den sie bei dem Sprung davongetragen habe, zu ihrem frühen Tod führte.

Es versöhnt ein wenig mit dem Eremiten, daß er sich um seine kranke Frau kümmerte und dafür Strapazen auf sich nahm, als er ihretwegen in Italien sechs Eselinnen erstand, die er im mühsamen Fußmarsch eigenhändig über die Alpen nach Birkeneck trieb. Der Arzt hatte der leidenden Caroline Eselsmilch zu trinken verordnet, wenn auch letztlich ohne Erfolg.

Zwar endete mit Carolines Tod 1832 noch nicht die Birkenecker Zeit des Eremiten, aber sein Leben trat doch in eine neue Phase. Künftig wird ihn nichts mehr zu Hause halten.

Nur Reisen ist Leben

Hallbergs Lebensreise war im buchstäblichen Sinne ein fortwährendes Reisen. Schon als junger Bursch vor seiner Verehelichung war er weit herumgekommen. Leider wissen wir von diesen frühen Streifzügen nur das, was uns Gistel in seiner Biographie und von Künßberg-Thurnau in seinen Aufzeichnungen hinterlassen haben, und das ist, abgesehen von seinen spektakulären Auftritten beim Kaiser in Wien und beim Bey in Tunis, herzlich wenig. Erst von den Reisen nach seiner Eheschließung (vermutlich 1811) hat er Reiseberichte verfaßt, die als Bücher erschienen und zum überwiegenden Teil auch heute noch als Quellen herangezogen werden können. In den gut zwanzig Jahren seiner Ehe mit Caroline Freiin von Olne waren seinem Drang in die Ferne freilich Zügel angelegt, gleichgültig, ob seine Frau oder später die Familie zu Hause blieben oder aber mit von der Partie waren.

Bezeichnend ist eine Bemerkung in der Schilderung seiner Skandinavien-Reise von 1817, die er in Gesellschaft seiner Gemahlin machte. Er hatte die Absicht, bis zum Nordkap vorzustoßen. Daß es dazu nicht kam, schreibt er vor allem der Rücksichtnahme auf seine Frau zu:

Meine Frau wollte es nicht wagen, und da ich mich einmal dem ehelichen Marmottenleben[22], durch Kreuz und Segen die Welt zu bevölkern, übergeben hatte, so mußte ich kapitulieren, daß nur ein kleiner Zug nach Lintnetal vorgenommen wurde, um doch wenigstens die Lappländer und ihre Rentiere zu sehen.

Erst nachdem er Witwer und die Kinder flügge geworden waren, hielt ihn nichts mehr auf, seinem Fernweh
unbegrenzt nachzugeben. Erst der alte, mittlerweile im
Pensionsalter stehende Baron, wurde vollends zum
Weltenbummler. Seine Reisen wurden immer ausge-
dehnter und die Aufenthalte daheim immer kürzer. Die
fünfzehn Jahre von 1833-1848 wurden die hohe Zeit seines Reiselebens. Der Eremit reiste durchweg ohne Dienerschaft und demzufolge mit leichtem Gepäck.

Herzog Max in Bayern, der volkstümliche »Zither-
Max« und Vater der Kaiserin Elisabeth (»Sissi«) von
Österreich, der unserem Eremiten 1838 im Landesinneren Ägyptens begegnete, fand das unbegreiflich. Darauf
von ihm angesprochen, meinte Hallberg:

*Was würde mir ein Bedienter nützen? Wenn er krank
würde, hätte ich doch soviel wie keinen und wäre nur auf
der Reise aufgehalten.*

Gelegentlich freilich, wie etwa im unsicheren Terrain
des Kaukasus, wurde ihm von den jeweiligen örtlichen
Repräsentanten des Besuchslandes aus Sicherheitsgrün-
den eine Eskorte beigegeben. Streckenweise fand er auch
Weggefährten, deren Gesellschaft ihm willkommen war.

Daß der Eremit alle seine Reisen zu Fuß gemacht
hätte, wie man immer wieder lesen kann, muß ins Reich
der Fabel verwiesen werden. Gewiß war er ein ausdau-
ernder Wanderer, der einzelne Reisen per pedes apostolorum bewältigte, wie etwa seine Reise durch den Isarkreis 1821. Mitunter zwangen ihn wohl auch die Verhältnisse zu längeren Fußmärschen. Doch, wo immer es sich
auf seinen Fernreisen anbot, bediente er sich der gerade
verfügbaren Verkehrsmittel. Häufig war das die Post-
kutsche, hin und wieder ein »Vetturin«, ein Mietwagen.
Die Italienreise 1821/22, auf der ihn seine Familie be-
gleitete, absolvierte er in seiner »Wurst«, einem langge-
streckten, zinnoberrot angestrichenen und von vier bis
sechs Pferden gezogenen Wagen, »dessen Kasten und

Räderwerk nie gewaschen werden durfte!« (Gistel). Gelegentlich war er Fahrgast der damals noch ganz neumodischen Eisenbahn. Wasserwege überwand er mit Segel- und Dampfschiffen, vereiste Wasserflächen und verschneite Landstrecken auf Schlitten, und schließlich legte er beträchtliche Abschnitte zu Pferde oder zu Esel zurück.

Sein Quartier fand der Eremit entweder auf den Poststationen oder anderweitig in Gasthöfen. Er verschmähte auch komfortable Hotels nicht, wo es sie gab. Aber häufig war es damit, wie überhaupt mit Unterkünften, schlecht bestellt, und so kam es vor, daß er mitunter wochen- oder gar monatelang auf freiem Felde kampieren mußte und nicht aus den Kleidern kam.

Er brauchte schon eine bemerkenswert robuste und abgehärtete Natur, um die vielfältigen Strapazen auf seinen Reisen unbeschadet zu überstehen. So glich sein Reisen oft mehr einer Expedition, die stets auch unliebsame Überraschungen für ihn bereithielt.

Die hohe Zeit seines Reiselebens begann zunächst (1834) mit einem kleineren Trip nach Salzburg und Tirol, sozusagen zum Einlaufen. Näheres über diesen »Ausflug« ist nicht bekannt.

Schon von anderem Kaliber war die Reise, die er zwei Jahre später unternahm und die ihn bis nach Nordafrika führte, jedoch für ihn typisch, nicht direkt auf kürzestem Wege. So zog er erst einmal durch Württemberg und Baden an den Rhein und dann rheinabwärts in die Niederlande. Erst von dort aus ging er auf Südkurs, Belgien und Frankreich durchquerend. In Toulon schiffte er sich zur Überfahrt nach Algier ein. Die Fahrt über das Mittelmeer im Dampfschiff nahm ganze acht Tage in Anspruch. Sie war von Donner, Blitz, Hagel und strömendem Regen begleitet,

und damit es an nichts fehle, so fing das Kohlenmagazin an zu brennen und ich machte beim Sturm die Bemerkung, daß die Dampfschiffe bei hoher See mehr schädlich als nützlich sind.

61

Diese Reise hat Hallberg in seinem 1837 unter dem Titel »Frankreich-Algier« erschienenen Buche beschrieben. In der für ihn bezeichnenden Art schreibt er seine Gedanken und Beobachtungen nieder, wie es ihm gerade einfällt, regellos und unkontrolliert. Unvermittelt läßt er den Faden seiner Erzählung abreißen, um einem Gedanken nachzuhängen, der nicht in den Zusammenhang gehört. So beginnt er gleich mit dem Zielort seiner Reise: Algier, das erst wenige Jahre zuvor (1830) von Frankreich erobert und besetzt worden war. Obwohl er auf die Franzosen sonst im allgemeinen nicht gut zu sprechen ist, spendet er ihnen, strenggenommen ihrem König Karl X. (1824-1830)[23], der kurz darauf in der Julirevolution von 1830 abdanken und dem Bürgerkönig Louis Philippe Platz machen mußte, für diese Tat höchstes Lob.

Frankreich hat den unsterblichen Ruhm, die Welt vom schändlichen Tribut einer Handvoll Barbaren befreit zu haben. Warum gibt man nicht diesen Ruhm dem unglücklichen Karl X., der die Expedition veranstaltete?

In der Tat war das Mittelmeer vor der nordafrikanischen Küste seit Jahrhunderten eine gefürchtete Operationsbasis von Seeräubern gewesen. Schon Kaiser Karl V. (1519-1556) hatte ein Lied davon singen können.

Auf die Eroberung Algiers durch die Franzosen kommt er noch mehrfach zu sprechen, wobei sich unter die Lobpreisung sogleich wieder herbe Kritik mischt, die sich gegen die Art und Weise der Kolonialisierung des Landes richtet. So seien bedauerlicherweise viele Denkmäler der arabischen Kultur zerstört worden, um französischer Zivilisation Platz zu machen. Auf diese Weise habe Frankreich eine Chance vertan, sich im Volke Zuneigung zu gewinnen.

Ein gutes Drittel der Stadt (Algier) liegt in Schutt. Häuser und Straßen sind zerstört. Das schöne, unnachahmli-

che Altertum liegt in Ruinen umher, um französischen Häusern Platz zu machen . . . Die alten Besitzer der Landhäuser hatten um sich her die Natur in ihrem freien Spiel nicht gestört, sie ergötzten sich an Palmen, Zypressen, Aloen, dem Kaktus und tausend afrikanischen Gewächsen, welche kunstlos durcheinanderwuchsen und die natürlichsten englischen Anlagen in Ansicht und Genuß weit übertrafen. Die neuen Besitzer ließen die Bäume der Feigen, Oliven, Kastanien und Zypressen niederhauen, um das Holz zu verkaufen, und einige legten regelmäßige französische Pflanzungen an, um eine ekelhafte Monotonie an die Stelle des freien, göttlichen Naturspiels zu setzen.

Von den naturhaften Arabern ist er begeistert. Gegen sie nehmen sich die zivilisierten Franzosen in seinen Augen wie Dekadente aus, und die Worte, die er einer Französin in den Mund legt, geben exakt seine eigene Meinung wieder. Eine schöne, liebenswürdige Französin, so berichtet er, rief voller Begeisterung, als sie die ersten Araber sah:

Ah! Wenn die erbärmlichen Gesetze uns bei der Trauung die Untertänigkeit gegen unseren Mann vorschreiben, dann hätten sie auch sorgen sollen, daß wir solche Männer erhielten. Wie sehr ekeln mich die erbärmlichen jungen Windbeutel an, die in ihrem verdorrten Dasein mit auswendig gelernten Phrasen von Liebe sprechen und an nichts wie an Geld denken. So ein Mann in seiner Naturkraft beschämt die ganze europäische Menschenvegetation, und wir wollen sie zivilisieren, um auch solche Krüppel aus ihnen zu machen wie wir sind, die bei dem Wort »Kraft!« an eau de cologne riechen müssen.

Die Araberinnen in und um Algier findet er freilich alles andere als attraktiv.

Die Weiber, welche vermummt durch die Straßen gehen, sehen alle sehr ekelhaft aus.

Tief beeindruckt zeigt er sich davon, mit welcher Hingabe die Araber an ihrer islamischen Religion hängen. Auch in dieser Beziehung kommen bei ihm die christlichen Europäer, speziell die Franzosen, schlecht weg.

. . . sie (die Mauren) hängen noch mit aller Gewalt des Willens an Religion; so sagen sie nicht von einem Franzosen: es ist schade, daß er ein Christ ist, sondern sie sagen: es ist schade, daß er nicht einmal ein Christ ist.

Das Thema der beiden Religionen, des Islams und des Christentums, beschäftigt ihn überdies ganz grundsätzlich. Er studiert die Lehren Mohammeds und gelangt zu dem verblüffenden Ergebnis, daß beide Religionen in ihren Lehren »nahe verwandt« seien und nur durch Unwissenheit auf beiden Seiten bisher nicht zueinandergefunden hätten.

Es wäre daher sehr zu wünschen, daß ein Weiser das Werk der Vereinigung dahin einleitete, wodurch die Wahrheiten des Christentums mit den nicht zu widersprechenden Lehren des Korans so verbunden wären, daß sie den Begriffen beider Teile einleuchteten, wozu der Koran und das Evangelium lange die Hand geboten, welche die Menge aber weder studiert noch begriffen hat.

Diese Überzeugung bewegt ihn so sehr, daß er sich – wieder zu Hause – sogleich hinsetzt und eine lange Epistel an den Papst verfaßt, in der er an den Heiligen Vater appelliert, das große, aber nicht unmögliche Werk der Vereinigung von Islam und Christentum in die Wege zu leiten. Das in seinem Buche »Frankreich-Algier« am Schluß lateinisch und deutsch abgedruckte Schreiben hat er von Birkeneck am 4. April 1837 ausgehen lassen.

Am 1. Februar 1837 hatte er von Algier aus die Rückreise angetreten, nachdem er glaubte, sich lange genug im Lande umgesehen zu haben. Mit einem lachenden und einem weinenden Auge schied er:

. . . ich hätte allen Luxus für dieses freie Leben (unter den Arabern) hergegeben, aber ich fühlte mich zu verdorben, um bei ihnen zu bleiben.

Von der »erbärmlichen«, so oft von ihm verteufelten europäischen Zivilisation konnte und mochte er also doch nicht lassen.

Diesmal benötigte er für die Überfahrt nach Frankreich auf gleichem Wege nur halb so lange wie für die Hinfahrt nach Algier. Auf dem Reiseweg durch Frankreich ringen ihm immer wieder römische Bauwerke und Statuen beziehungsweise deren Überreste seine Bewunderung ab, und nie vergißt er dabei, den Kontrast zur »Nullität« seiner eigenen Zeit herauszustreichen.

Dieses Riesenvolk (die Römer) hinterließ überall ein Andenken seiner Kunst und Größe auf Jahrtausende, dagegen beschreiben wir unsere Großtaten auf Papier, welche das kleinste Würmchen in Staub zerfrißt.

In Autun erinnert er an einen ungeliebten Zeitgenossen:

Hier war Talleyrand Bischof, welcher vierzehn Rebellions-Regierungen die Treue geschworen hat und von der ganzen Welt verachtet als Minister sterben wird.

Eine Prophezeiung, die freilich nicht aufgegangen ist. Die Geschichte mißt eben nicht nach vorzugsweise moralischen Maßstäben.

Schon auf der Hinreise nach Algier hatte er Avignon, zeitweilig Stadt der Päpste, besucht und, will man ihm glauben, sich einen makabren Scherz erlaubt. Man meint geradezu den Lügenbaron Münchhausen zu hören, wenn er erzählt:

In Avignon besuchte ich ein neu eingerichtetes Kloster vom Orden Du Sacré Coeur, eine Art jesuitischer femini generis. Da ich den Orden nicht kannte, so dachte ich, sie kennen mich auch nicht und gab mich, um das Kloster in seiner inneren Einrichtung sehen zu können, für einen deutschen Bischof aus, worauf mir dann wegen meinem frommen Aussehen der Eintritt gestattet wurde. Ein schönes, junges, kleines Nönnchen führte mich im ganzen Kloster umher. In seinem Zellchen kamen wir aus Mangel an Raum etwas nahe zusammen. Ich hätte gern dem artigen Schwesterchen eine Buß- und Strafpredigt gehalten, weil ich aber eben nicht recht predigen konnte, so wollte ich doch den deutschen Bischöfen keine Unehre machen. Ich ließ sie daher niederknien, gab ihr den Segen und erlaubte ihr, meine Hand zu küssen. Als ich später in den Speisesaal trat, waren alle Nonnen versammelt. Ich erlaubte mir, ihnen eine kurze Anrede zu halten, gab ihnen meinen geistlichen Segen und spazierte nach meinem Hotel, um für drei Franken zu Mittag zu essen, wozu es eben Zeit war. Die Welt ist da, um nur Komödie zu spielen, und so benütze ich jede Gelegenheit, um zu lachen.

Der Streich, wenn er sich tatsächlich so abgespielt haben sollte, mag ihm selbst so ungeheuerlich nicht vorgekommen sein, hatte er doch auch schon in seiner Moorkolonie, als das Dorf noch keine eigene Kirche hatte, in seinem Schloß die Messe gelesen und schließlich auch ein Gebetbuch verfaßt und war er denn nicht als »Pfalzgraf vom Lateran« ein hoher geistlicher Würdenträger?

Folgt man seinen eigenen Angaben, so müßte der Algier-Reisende im März 1837 wieder auf seinem Schloß Birkeneck eingekehrt sein. Der alte Globetrotter kann aber nicht lange auf seinem heimatlichen, vereinsamten Herrensitz zugebracht haben. Seine Kolonie Hallbergmoos machte ihm ohnehin mehr Ärger als Freude, und sein Schloßgut hatte er um diese Zeit schon längst verpachtet. So machte er sich denn schon wenige Wochen später erneut reisefertig, um auf große Fahrt zu gehen.

Diesmal verlief die Reiseroute durch die Balkanländer in die Türkei, von dort nach Griechenland und

Ägypten. Den Rückweg nahm er über Malta, Sizilien und Italien in seine oberbayerische Heimat. Auch diese Reise beschrieb er in einem Buch, das 1839 unter dem Titel »Reise nach dem Orient« erschien. Als Verfasser gab er an »vom Eremiten von Gauting«.

Die in Verbindung mit dem Titel gemachte Zeitangabe »1836-1837-1838« kann allerdings schwerlich stimmen. Nach seiner eigenen Aussage befand er sich noch im Februar 1837 auf seiner Algier-Reise. Am 1. Februar war er von Algier zur Rückreise über Frankreich aufgebrochen. Sein Schreiben an den Papst datierte, wie schon erwähnt, aus Birkeneck vom 4. April 1837. Es muß daher angenommen werden, daß er die Orientreise nicht vor dem späteren Frühjahr 1837 angetreten hat.

Der »Eremit von Gauting« war inzwischen längst über Bayern und ganz Deutschland hinaus als Original im höchsten Grade bekannt geworden, und es gab immer wieder Leute, die neugierig waren, ihn zu Gesicht zu bekommen, wenn sie erfuhren, daß er sich in ihrer Nähe aufhielt. So geschah es in Siebenbürgen (Klausenburg), daß eine Gräfin sich nach seinem Logis erkundigte und alle Hebel in Bewegung setzte, um ihn aufzustöbern – schließlich mit Erfolg. Sie lud ihn daraufhin zu sich ein,

wo dieser alte Waldbruder die merkwürdigsten Bekanntschaften mit den schönsten Mädchen und liebenswürdigsten Frauen, worunter mehrere von ihren Männern geschieden waren, machte, indem er nicht begreifen konnte, wie man sich von solchen himmlischen Wesen trennen kann; unterdessen wünscht ein jeder, was er nicht hat und hat er endlich den Wunsch erreicht, so wird er ihm bald lästig.

Überhaupt fand er in Siebenbürgen die Weiblichkeit der höheren Stände hinreißend.

Die Weiber und Mädchen der höheren Stände sind die liebenswürdigsten Geschöpfe, welche die Allmacht diesem schönen Lande nur geben konnte; man muß sie an-

67

beten, leider, daß man sie nicht alle frühstücken oder zu Mittag essen kann.

Ganz und gar nicht wollte ihm dagegen die Landesverfassung in Siebenbürgen behagen.

Die Landesverfassung mögen andere beschreiben; mir ist es zuwider, über eine Verfassung zu sprechen, die einen Teil der Menschen zu Göttern und den anderen Teil zu Tieren macht. In diesem herrlichen Lande, geschaffen zum Glück aller Menschen, fehlt alles in einem Wort: »vernünftige Freiheit«, wo jeder Anteil am Segen Gottes hätte.

Übrigens hielt er die Deutschen in Siebenbürgen für den einzigen fleißigen Teil der Bevölkerung. In Serbien kommt es zu einer Begegnung mit dem unter türkischer Oberhoheit stehenden Regenten, dem serbischen Fürsten Milosch, mit dem die Serben aber so unzufrieden sind, daß seiner Meinung nach eine Revolte kaum ausbleiben wird, womit er übrigens recht haben sollte.

Miloš Obrenović hatte 1815 den Aufstand gegen die Osmanen geleitet und war, von der Pforte anerkannt, 1817 zum erblichen Fürsten Serbiens gewählt worden. Er regierte despotisch und wurde 1839 von der Opposition gestürzt. Nachdem seinen Nachfolger das gleiche Schicksal ereilt hatte, kehrte er 1858 noch einmal auf den serbischen Fürstenthron zurück († 1860). Hallberg fällt ein vernichtendes Urteil über diesen Fürsten.

Er kann weder lesen noch schreiben und gleicht ganz einem Schweinehändler; auch hat er sich das Monopol des ganzen Handels zugeeignet.

Und bei diesem Manne begehrte und erhielt er eine Audienz.

Der Wirt sagte mir, daß es nur am Abend sein würde, damit er Zeit hätte, seinen ganzen Hofstaat in Gala zu setzen, um mir eine große Idee von seinem Reichtum und seiner

Größe einzuflößen. Um sechs Uhr abends erschien ein
Oberst, um mich abzuholen. Eine Menge Offiziere und
Hofbediente waren mit Gold und Silber überhangen. Ich
wurde in ein Zimmer geführt, wo ein Sofa und ein Stuhl für
mich standen. Gleich erschien der Fürst, ganz mit Gold
überstickt. Er empfing mich sehr liebreich in seiner angebo-
renen Lebensart, ließ mir nach orientalischer Sitte Pfeife und
Kaffee reichen, und ich sprach mit ihm über zwei Stunden
durch seinen Dolmetscher von gleichgültigen Sachen, wobei
er immer seinen Haß gegen Rußland durchblicken ließ.

Schon diese Einstellung allein machte ihn dem Eremiten, einem ausgesprochenen Freund Rußlands und des
Zaren, zu einer unsympathischen Figur.[24]

Ich war endlich der Dummheit müde und empfahl
mich, um am anderen Morgen weiter zu fahren.

Der Eremit pilgerte also weiter, machte noch Station
in Belgrad und steuerte von dort aus die Hauptstadt des
türkischen Sultans, Istanbul (Konstantinopel), an.

Wenn man durch Bulgarien und Rumilien[25] von Bel-
grad die 180 Stunden zu Pferde oder Wagen zurückgelegt
und mit Hunger gekämpft hat, so freut man sich, endlich
in Konstantinopel einzureiten.

Die Schönheit der Lage von Konstantinopel überwältigt ihn, die Stadt selbst weniger, zumal

im Staub von Istanbul . . . die Herrlichkeiten Konstan-
tinopels

nicht zu finden seien.
Dem Sultan Mahmud II.[26] (1808–1839), dem er vorgestellt wird, legt er ein Konzept zur Verbesserung des Militärs vor, und dem Einfluß, den man ihm auf den Sultan
zuschreibt, hat er ein überraschendes und erstaunliches
Angebot zu verdanken.
Ein reicher armenischer Kaufmann bot ihm nicht nur
gastliche Aufnahme in seinem Hause an, sondern auch

seine reizende und hochgebildete Tochter Jolanta zur Frau, ihm, dem vom Leben zerzausten Siebzigjährigen! Was aber noch erstaunlicher anmutet: die junge Armenierin selbst machte ihm den Hof, als fände sie Gefallen an ihm. Auch die Mutter sprach sich für die Verbindung aus. Der Grund für das unerwartete Angebot war der, daß der Sultan, ganz versessen darauf, die attraktive junge Armenierin seinem Harem einzuverleiben, den armenischen Kaufmann bedrängte, ihm die Tochter zu überlassen, wogegen die dem christlichen Glauben anhängende armenische Familie sich mit Händen und Füßen sträubte. Bisher hatte man diesen Streich des Sultans durch Abstandszahlungen zwar noch abwenden können, aber die Familie ahnte wohl, daß damit nur ein Aufschub zu erreichen war und die Begehrlichkeit des Sultans auf Dauer nicht davon abzubringen sein würde. In ihrer Verzweiflung sahen die Unglücklichen nur einen Ausweg. Der Fremde, der offensichtlich beim Sultan in hohem Ansehen stand, müßte Jolanta zur Frau begehren. Bei allem, was gegen eine solche Verbindung sprechen mochte, war sie jedenfalls das kleinere Übel.

Die Reaktion des Eremiten war für jeden, der ihn kannte, unschwer zu erraten. Er war Feuer und Flamme!

Ich sagte, geben Sie sie mir zur Frau. Das Mädchen wurde gerufen, freute sich darüber wie ein Kind und ich wurde mit ihr verehelicht. Allein, am anderen Tage wurden ich, der Vater und die Mutter verhaftet und augenblicklich zum Kaiser gerufen. Sein erstes Wort zu mir war: ›Du hast sie dem Harem gestohlen und mußt mit ihren Eltern sterben.‹ Da das Leben für mich ohne sie keinen Wert hatte und ich ohnehin nicht ängstlicher Natur bin, so hatte ich mit dem Kaiser eine fürchterliche Szene – ich sagte ihm zuletzt ›machen Sie mit mir, was Sie wollen. Sie haben 800 Weiber; lassen Sie mir die Eine und ich trete in Ihre Dienste, die Sie mir so oft angetragen haben.‹ Der

Sultan lachte endlich. Die Eltern wurden frei und ich war glücklicher als der Kaiser.

Allein, mit dem neuen Eheglück war es nur allzuschnell vorbei. Eltern und Tochter überfiel die Pest. Die Eltern starben nach wenigen Tagen. Seine Angetraute glaubte der Eremit dank seiner fürsorglichen Pflege – er begoß ihre Pestbeulen unentwegt mit Alkohol und qualmte wie ein Schlot (was ihm nicht schwerfiel), um ihre Krankenstube gehörig einzuräuchern – schon über den Berg zu haben, da bekam sie plötzlich ein Nervenfieber, und vier Tage später war sie tot. Hallberg ließ ihr auf dem armenisch-katholischen Friedhof ein schönes Grabdenkmal setzen. Das ihm zugefallene Vermögen wollte er nicht haben. So schenkte er es dem Bruder seiner verblichenen Jolanta.

Nach diesem traurigen Erlebnis fand es der Eremit an der Zeit, nach neuen Ufern aufzubrechen. Er zog nach Griechenland, der Wiege der abendländischen Kultur.

Griechenland hatte erst vor wenigen Jahren, allerdings nur mit einem Rumpfgebiet, die Freiheit von jahrhundertelanger Türkenherrschaft erlangt und wurde nun von Otto I., einem Sohne des Bayernkönigs Ludwig I. regiert (1832/33–1862). Freilich war es eine fast übermenschliche Aufgabe, die den jungen Monarchen in seinem Königreich erwartete. Das ausgeblutete Land war ohne riesige Anleihen im Ausland nicht lebensfähig, und die Hauptgeldgeber England, Frankreich und Rußland hatten widerstreitende Interessen und führten untereinander auf griechischem Boden Kämpfe um die Vorherrschaft im Lande. Hinzu kamen die ständigen Zwistigkeiten unter den politischen Gruppierungen im griechischen Volk. Und da sollte ausgerechnet eine landfremde Regierungsmannschaft das probate Mittel sein, das Land aus Armut und Not zu Wohlstand und das Volk aus seiner Zerrissenheit zur Einigkeit und Anhänglichkeit an die neue Krone zu führen?

Unserem Globetrotter blieb die kritische Lage des freien Griechenlands unter der Regierung des Wittelsbachers nicht verborgen. Er sah schwarz für die Zukunft des jungen Monarchen und sein Griechenland, und zumindest darin sollte er sich bestätigt sehen, wenngleich sich das Ende der bayerischen Episode in der Geschichte dieses Landes auch noch ein Vierteljahrhundert hinauszögerte.

Der Eremit fand nicht nur an der bayerischen Regierungsmannschaft in Griechenland manches auszusetzen. Er konnte auch den Relikten der altgriechischen Kunst, insbesondere den Tempelruinen, nichts abgewinnen im Gegensatz zur Meinung aller Kunstsachverständigen. Selbst den vielbewunderten altgriechischen Bauten auf der Akropolis von Athen vermochte er nicht zu huldigen.

So hatte er bald genug von Griechenland. Per Dampfschiff ließ er sich in 180 Stunden von Piräus nach Alexandria befördern.

Am 13. Jänner hielten wir unseren Einzug zu Esel in Alexandrien. Da ich einem großen Gefolge vorritt, so wurde ich wegen der vielen Esel für einen großen Mann gehalten.

Das Gefolge wird ihm vermutlich der ägyptische Vizekönig Mehmed Ali zur Verfügung gestellt haben.

So abwertend Hallbergs Urteil über die Verhältnisse in Griechenland ausfiel, so überschwenglich pries er Ägypten und seinen Herrscher. Der noch unter türkischer Oberhoheit stehende Vizekönig Mehmed Ali (1805/06-1849)[27] war für ihn schlechthin der größte Mann seiner Zeit. Wenn er gleichwohl in Ägypten viel Elend und Armut feststellte, so lastete er das nicht dem Vizekönig, sondern den Armen selber an,

welche ihr höchstes Glück in der Faulheit suchen.

Der Eremit wird dem Vizekönig vorgestellt, und er versteht es glänzend, sich durch allerlei Aktivitäten bei dem Herrscher nützlich und beliebt zu machen. Er richtet eine Gewehrfabrik neu ein und entwirft Pläne für einen Verbindungskanal vom Mittelmeer zum Roten Meer sowie für eine Regulierung des Nils.

In der Bewertung der großen Baudenkmäler läßt er sich freilich auch in Ägypten von seinem ganz eigenen Geschmack leiten, wie sein Urteil über die Pyramiden zeigt.

Die Pyramiden sind ein gigantisch-monströser Gedanke, woran das Leben mehrerer hunderttausend Menschen klebt.

Die Überlegung, daß die riesigen Grabmonumente ihre Entstehung einer Menschenschinderei ohnegleichen verdanken, erstickt bei ihm jede Bewunderung im Keime.[28]

Dagegen waren ihm die Pyramiden als Gegenstand sportlichen Ehrgeizes und einer Wette schon eher gut. Ein Engländer hänselte ihn und meinte provozierend, Hallberg würde bei seinen Jahren die Pyramide, an deren Fuß sie standen (welche das war, wissen wir nicht), bestimmt nicht mehr ersteigen können. Das ließ der Eremit nicht auf sich sitzen, und man wettete um 24 Flaschen Champagner! Unser Alter brachte das Unglaubliche fertig, sogar vor dem wesentlich jüngeren Engländer oben anzukommen und hatte somit die Wette gewonnen. Das Ganze endete in einem feucht-fröhlichen Gelage.

In der Welt von damals war ein Weitgereister entweder Forscher, Abenteurer oder Reiseschriftsteller oder mehreres davon zugleich. Daher gehörte es zu den größten Seltenheiten, weit ab im Ausland, vor allem außerhalb Europas, einem Menschen aus der bayerischen Heimat zu begegnen. Im Landesinneren Ägyptens widerfuhr unserem Eremiten dieses seltene Glück. Kein Geringerer als Herzog Max in Bayern kreuzte mit seinem Gefolge seinen Weg. Die beiden hatten wohl voneinander gehört, aber sich bis dahin nicht gesehen.

Lassen wir uns von dem jungen Herzog erzählen, welchen Eindruck er von dem Eremiten gewann:[29]

>>Er trug einen ziemlich langen Überrock. Ein langer schneeweißer Bart hing ihm bis auf die Brust herab. Auf dem Kopfe trug er eine runde schwarz-seidene Mütze, die Füsse bekleideten hohe rötliche Juchtenstiefel und im Munde steckte eine kurze hölzerne Pfeife ... Ich lud ihn zum einfachen Nachtmahle auf meiner Barke (auf dem Nil) ein, wo wir lange vertraulich schwatzten. Sein Benehmen gefiel mir, so wie auch seine Unterhaltung für mich sehr viel Interesse hatte, da er mit ruhiger Einsicht und biederer Offenheit sprach.<<

Dann bedenkt der Fürst, wie das Bild, das er sich jetzt persönlich von dem Eremiten machen konnte, von dem abwich, das gemeinhin über diesen Mann in den Köpfen geisterte:

>>Es wird über diesen Mann bei uns viel gelacht und gewitzelt. Das rührt hauptsächlich von seiner bis aufs Höchste getriebenen einfachen Lebensweise her. Auch mag das etwas Sonderbare seines Äußeren viel dazu beitragen, denn in unserem lieben Deutschland ist es leider heutzutage zur Sitte geworden, die Menschen bloß nach dem Schnitte ihres Rockes zu beurteilen ebenso wie die politischen Meinungen nach Zusammenstellung der Farben und dem Schnitte der Bärte taxiert werden.<<

Der Bayernherzog fand jedenfalls den Eremiten besser als seinen Ruf. Nachdem er noch ein wenig das Land durchstreift hatte, machte sich der Eremit auf die Heimreise über Malta, Sizilien und Italien. In Rom gewährte ihm Papst Gregor XVI. (1831-1846) Audienz. Der Eindruck des Eremiten vom Heiligen Vater:

Er ist ein sehr liebenswürdiger Mann von großer Gelehrtheit und sieht die Mängel der Kirche und der bürgerlichen Verfassung bei dem Geist unserer Zeit sehr gut ein, aber sie von seiner Höhe aus zu ändern, scheint ihm nicht möglich, doch begreift er sie in der ganzen Fülle.

Ob die beiden wohl auch über die Epistel gesprochen haben, die der »Pfalzgraf vom Lateran« dem »Heiligsten Vater« vor Jahresfrist wegen der Vereinigung von Islam und Christentum zugesandt hatte? Jedenfalls ging es auch bei diesem Papstbesuch nicht ohne eine hohe Auszeichnung für den Eremiten ab. Gregor XVI. verlieh ihm das Großkreuz der Orden vom Goldenen Sporn und Gregors des Großen.[30] Von den Schriften Hallbergs scheint man im Vatikan keine Kenntnis gehabt zu haben. Auf vertrauten Wegen – Italien hatte er schon ein halbes Dutzend Mal bereist – gelangte er wieder nach Hause.

Nach einer Winterpause 1838/39 sehen wir den Weltenbummler erneut unterwegs. Diese Reise sollte eigentlich die größte werden, die er je unternommen hatte. Doch kam alles ganz anders. Die Reise nahm ein vorzeitiges und unerwartetes Ende.

Es fing schon mit einem ärgerlichen, wenngleich harmlosen Zwischenfall an. In Baden-Baden, wohin er sich zunächst gewandt hatte, nahm man ihn auf offener Straße fest, um auf der Polizeiwache seine Personalien festzustellen. Der Grund: Im Großherzogtum Baden war es verboten, einen Bart zu tragen. Man ließ unseren Bartträger nach dieser Belehrung zwar sogleich wieder frei, aber noch lange wußte er sich über den Vorfall zu mokieren. In England, der ersten Etappe der Reise angekommen, stellte er alsbald fest:

Die Sittenverderbnis und die Deutschland und Frankreich verheerende Aufklärung hat bei ihnen (den Engländern) *noch keinen Eingang gefunden. Sie leben noch nach den löblichen Gebräuchen ihrer Voreltern.*

Das Land fand er

durchschnitten mit Hecken und Baumpflanzungen; alles aber gehört zu den Parks der Großen, in welchen Hirsche und Rehe weiden zur Belustigung der Armen, wel-

*che umher in elenden Hütten leben und kein Land und
kein Brot haben.*

Dann kommt er auf sich selbst zu sprechen und gerät
darüber ins Sinnieren.

*Gewöhnlich halten mich die Leute für einen Polen, ein
Mitglied dieses unglücklichen Volkes, welches seine Nationalität wie die Juden mit der ausgezeichnetsten Anhänglichkeit an Volk und Vaterland in allen Ländern um-
herträgt und sie wohl nie wieder erreichen wird.*

Darin sollte er sich zwar irren, aber aus seiner Sicht
war die Skepsis durchaus verständlich, war doch die pol-
nische Geschichte zu seiner Zeit – angefangen von den
drei polnischen Teilungen 1772, 1793 und 1795, die einem eigenständigen polnischen Staat für längere Zeit
ein Ende machten, eine einzige Tragödie.

Gelegentlich hielt man den Eremiten im Ausland
auch für einen Russen, wohl seines Bartes wegen. So
war es ihm in Antwerpen ergangen, wovon er folgende
Episode zu berichten weiß. Ganz im Stile des berühmten
Lügenbarons von Münchhausen erzählt er:

*Hier hatte sich der Volksglaube verbreitet, daß ich ein
Russe sei und zweihundert Jahre zähle. Ein Haufen zu-
sammengelaufenen Volkes vor meinem Hotel wünschte
mich zu sehen und ich erzählte ihnen, daß ich gegen Alba
gedient und mein Übergroßvater bei der Kreuzigung
Christi gewesen sei; sie hörten mich an und gingen sehr
zufrieden weg mit vielen guten Wünschen für mein ferne-
res Leben. So entstehen die Wunder.*

Er muß wirklich ein wundersames Erscheinungsbild ab-
gegeben haben und hätte sich für Geld sehen lassen und
allein davon seine Reisen finanzieren können.

Doch zurück nach England. Die Anfänge der Indu-
strialisierung offenbaren sich ihm hier schon in einer un-
erfreulichen Begleiterscheinung. In der Gegend von
Birmingham und Manchester stellt er bedrückt fest:

Die ganze Gegend auf mehrere Stunden liegt im ewigen Rauch von Dampfmaschinen, die keinen Strahl der Sonne durchlassen. Die hohen Kamine stehen in großer Zahl umher und sehen aus wie ägyptische Obelisken, um alle die Öfen für das englische Steingut zu heizen, welches hier in Hunderten großer Gebäude fabriziert wird und nach allen Weltgegenden geht.

Er durchstreift Schottland, wo er sich einst zum ersten Male verlobt hatte. Diesmal ist sein herausragendes Erlebnis der Besuch der nach einem irischen Sagenhelden benannten Fingalshöhle auf der Hebrideninsel Staffa.

Ich schied von der Höhle Fingals mit dem Gefühle, daß dies das Schönste, was ich je gesehen und was ich auch nie vergessen kann.

Eigentlich hatte der Eremit vor, von den britischen Inseln aus den Atlantischen Ozean zu überqueren, Amerika näher kennenzulernen und dann den Rückweg über Kamtschatka und quer von Ost nach West durch Sibirien zu nehmen. Doch das Schicksal machte ihm diesmal einen Strich durch die Rechnung. Noch nicht allzuweit von der irischen Küste entfernt, erlitt er auf stürmischer See Schiffbruch. Tagelang trieb er zusammen mit der Familie eines Engländers in einem Boot auf offener See umher, nur mit dem versehen, was er am Leibe trug. Er war schließlich schon ganz verzweifelt und sah sein letztes Stündlein gekommen, als die Schiffbrüchigen buchstäblich in letzter Minute von einem Dampfschiff aufgenommen und gerettet wurden.

Damit war natürlich dem Programm dieser Reise erst einmal ein Ende gesetzt. Seine englischen Leidensgefährten werden ihn für die Heimreise mit dem Nötigsten versehen haben.

1840 verkaufte der Eremit Birkeneck und ließ sich in München nieder, wo er sich im Gasthof zum »Schwarzen Adler« einmietete. Ein derartiges Zuhause schien ihm, der ja doch die meiste Zeit unterwegs war, jetzt die zweckmäßigste Lösung seines Wohnproblems. In diesem Gasthofe geschah es, daß ihn – wie schon bei den Pyramiden Ägyptens – wieder einmal ein Engländer zu einer Wette verleitete. Der Brite bezweifelte, um ihn herauszufordern, daß der Eremit bei seinem hohen Alter (72) noch eine Frau finden würde, die ihn zum Gemahl nähme. Nun wetteten die beiden um 1000 Gulden!

Der Eremit setzte sogleich ein Inserat in verschiedene Zeitungen, das in der ganzen Umgegend – und darüber hinaus – reichlich für amüsanten Gesprächsstoff sorgte. Überall tauchte plötzlich sein Konterfei in mancherlei Gestalt auf. Konditoren in München griffen das Thema auf ihre Art auf und stellten ihre gebackenen Illustrationen in den Schaufenstern aus. Der Eremit machte wieder einmal von sich reden.

Das Belustigende an der Sache war dabei weniger der vermeintliche Entschluß des Zweiundsiebzigjährigen, noch einmal einen Ehebund einzugehen, als vielmehr die ausgefallene Formulierung seines angeblichen Ehewunsches. In der Tat ist der Text des Inserates so exzentrisch und zugleich bezeichnend, daß er nachstehend im vollen Wortlaut wiedergegeben werden soll:

DER WUNSCH DES EREMITEN VON GAUTING

Ich habe in einer schönen Gegend, gelegen im Bayerischen Walde, umgeben von Bergen und schönen Wiesen, durchschlängelt vom Regenflusse, in einem reizenden Tale, wo die Stadt Cham mit ihren alten Türmen und mehrere Burgen alter Ritter und Türme und Ruinen aus dem grauen Altertume die Ansicht mit poetischem Gefühle fesseln, eine Hofmark mit einem neuen Schlosse und viele schöne, große Zimmer, Wälder, Jagden, Fischweiher, Wiesen und Acker zum Erbschaftsgeschenk erhalten. Allein, wie artig es auch in Chameregg[31] sein mag, um nach Horaz, Virgil und Delille die Fabeln über die Freuden des Landlebens zu schildern, so finde ich es doch sehr langweilig, in den schönen Zimmern niemand um mich zu sehen und selbst in den Spiegeln nur mich allein zu sehen. Ich habe also beschlossen, nach dem Beispiele anderer Narren mich zu verheiraten, und weil man sagt, daß Ehen im Himmel geschlossen werden und es eine Lotterie sei, so will ich versuchen, was der Himmel mir zu geben beschlossen, und welche Schöne mir der Glückshafen zuwirft. Ich will daher durch die Zeitung meinen Wunsch allen Mädchen anzeigen.

Diejenige, die ich heirate, muß sechzehn bis zwanzig Jahre alt sein, schöne Haare, schöne Zähne und schöne kleine Füße haben und ihr Ruf ohne Makel sein. Sie muß sich sehr schön und einfach in Samt und Seide kleiden aber durchaus in keine anderen Stoffe; auch darf sie keine Ohrgehänge, Ketten und Ringe oder dergleichen Unsinn tragen, auch keine Pantoffeln, Hauben, Bänder, falsche Haare und dergleichen und nie ihre Kleider nach der bestehenden Mode machen lassen, da es nichts Dümmeres geben kann, als dem Kühgang anderer Menschen zu folgen. Sie soll die Kleider nach ihrem eigenen Geschmack machen lassen und tragen, unbekümmert, was der Weibermodepöbel darüber sagt. Sie muß reiten und fahren können oder es erlernen. Sie darf nie stricken, weil dieses Fingerspiel eine Maske für die Dummheit ist. Sie darf nur Musik machen, wenn sie es zur Virtuosität gebracht hat, da es unangenehm ist, das einfältige, dumme Geklimper zu hören, womit die Alltäglichkeit in vielen Häusern die Besuchenden langweilt. Sie ist im Hause und über alle Ehehalten unumschränkte Herrin, so wie ich selbst Vergnügen daran finde, mich nach ihrer vernünftigen Laune zu fügen, da mir das dumme sklavische Gehorchen und die Untertänigkeit, worin die Kirche den Keim zu allem Mißvergnügen gelegt hat, höchst zuwider sind. Sie muß mich überall auf Reisen und wo ich hingehe begleiten, weil es in meinen Augen eine Schande für die Männer ist, den Tag und den ganzen Abend umherzulaufen und in den Wirtshäusern zu schwelgen, indem die Frau zu Haus der Langeweile übergeben ist. Dann darf sie nicht, wie in den meisten Ehen geschieht, ihrer Weiblichkeit vergessen und sich herablassen, ihren Mann zuerst zu liebkosen, wie manches schöne Weib gezwungen ist zu tun, um ihren Tölpel bei guter Laune zu erhalten. Alles, was oben mit dem Worte gesagt worden, ist nicht Untertänigkeit sondern Kontrakt, Übereinkunft und ganz allein zu ihrem höchsten Vorteile.

Sie erhält am Tage der Hochzeit in russischen oder preußischen Staatsobligationen dreißigtausend Gulden, wovon sie aber die Interessen (Zinsen) jährlich nach ihrem Willen verzehren muß, weil nichts abscheulicher ist als das schändliche Laster des Geizes. Sie darf nach Absprache nicht tanzen, weil ich meine Frau nicht wie eine Närrin umherhüpfen sehen will.

Wenn sie Vermögen hat, so will ich es nicht angeheiratet haben; sie kann damit machen, was sie will, sowie mit den Interessen ihrer Morgengabe. Es dürfen die Zinsen nur nicht nach den Grundsätzen der Geizigen kapitalisiert werden, weil es in meinen Augen nichts Dümmeres geben kann, als für andere zu sparen. Die Freuden des Lebens in ewig froher Laune zu genießen, ist mein Grundsatz und meine Lebensweisheit.

Ich will nun auch von mir sprechen. Nach dem Kalender bin ich siebzig Jahre alt, nach den Kräften aber erst fünfundzwanzig. Immer froher Laune, suche ich die Freuden, wo es die strengste Ehre erlaubt. Wenn es ein schönes Mädchen gibt, welches sich mit einem alten Mann, der noch frisch auf den Knochen ist, zu Pferd, zu Haus und auf Reisen herumtummeln will, so kann sie mir schreiben und ich komme bis auf einhundert Stunden von München, aber nicht weiter, um sie zu sehen und mich sehen zu lassen, wobei ich dann auf mein Ehrenwort verspreche, daß ihr Name nicht genannt wird.

> München, im Schwarzen Adler am 16. November 1840, Theodor Freiherr von Hallberg zu Broich Kommenthur des Michaelsordens, Ritter des St.-Anna-Ordens, Feldobristhauptmann am Rhein und an der Maas.

Das Ergebnis der Ausschreibung war verblüffend, wobei offenbleiben muß, wie viele der Bewerberinnen es mit ihrer Zuschrift ernst meinten. Nicht weniger als 640 Heiratsanträge gingen daraufhin bei dem Eremiten ein (nach einer von ihm selbst gemachten Angabe sogar um 800). Unter den Kandidatinnen befanden sich sechs Komtessen, zwanzig Baronessen und eine Jüdin aus Prag mit einem Vermögen von 400.000 Gulden.

Der Alte hatte also die Wette gewonnen. Für ihn war das Ganze vermutlich als Scherz gedacht gewesen. Im Grunde war er für die Ehe überhaupt nicht geschaffen. Doch ist wohl nicht ganz auszuschließen, daß er gegebenenfalls dieses Wagnis noch einmal eingegangen wäre, denn mehr als ein Jahrzehnt später macht er noch einmal ernsthaft den Versuch, ein junges Mädchen als Gattin heimzuführen.

Etwa um dieselbe Zeit, als sich der Eremit als vorgeblicher Freier in Szene setzte, fühlte er sich auch aus ganz anderem Anlaß gedrängt, zur Feder zu greifen und sich an die Öffentlichkeit zu wenden. Die »gloire« suchenden Franzosen waren wieder einmal dabei, die deutschen Gemüter zu erhitzen, unter ihnen das des Eremiten, der sich bewogen fühlte, mit einem »Aufruf an das deutsche Volk« an den Patriotismus seiner Landsleute zu appellieren. Nach der diplomatischen Schlappe, die Frankreich in der Orientkrise 1839/40 hatte einstecken müssen, suchten die chauvinistischen Wortführer im französischen Volk anderweitig nach Genugtuung und glaubten sie mittels einer Neuauflage der alten Forderung nach den natürlichen Grenzen Frankreichs, womit speziell die Rheingrenze gemeint war, erreichen zu können. Für eine kurze Weile roch es bedenklich nach Krieg.

Das war die Zeit, in der Beckers Lied vom Rhein »Sie sollen ihn nicht haben« entstand und das Blut der deutschen Patrioten in Wallung brachte. Das war auch die Situation, in der unser Eremit mit seinem »Aufruf« vor die deutsche Öffentlichkeit trat. Das deutsche Volk sollte der französischen Anmaßung und Provokation mit einer eindrucksvollen Demonstration entschlossenen Widerstandes entgegentreten. Die französische Forderung nach der Rheingrenze als natürliche Grenze im Osten führte er ad absurdum, indem er als natürliche Grenze zu Frankreich die Gebirgskette bezeichnete, die sich vom Mittelmeer (Cevennen) über die Vogesen zu den Ardennen in Richtung auf Calais hinzieht. Diese Gebirgszüge bildeten die große Wasserscheide. Alle auf der Ost- beziehungsweise Nordseite entspringenden Flüsse und Bäche nähmen die Richtung nach Deutschland, wobei er Brabant, das heutige Mittelbelgien, zu den alten deutschen Provinzen rechnete, alle auf der West- beziehungsweise Südseite entspringenden Fließgewässer dagegen nähmen die entgegengesetzte Richtung, das heißt nach Frankreich. Glücklicherweise gedieh der Wirbel nur zu einem »Sturm im Wasserglas«.

Nach diesem heimatlichen Intermezzo schnürte der immer noch rüstige und immer noch entdeckungshungrige Siebziger abermals sein Ränzel. Diesmal lockten ihn die Pyrenäenhalbinsel, Gibraltar und Marokko. Über diese Reise hat er nichts veröffentlicht, auch keine Aufzeichnungen hinterlassen.

Dafür wissen wir um so mehr von seiner nächsten, noch wesentlich ausgedehnteren Tour durch Rußland über den Kaukasus nach Persien, über die er ausführlich in einem 1844 erschienenen Buche berichtet hat.

Über Böhmen, Mähren, Galizien, Kongreßpolen und die baltischen Länder steuerte Hallberg zunächst einmal die Hauptstadt des Zarenreiches, St. Petersburg, an. Von dort drehte er um, auf sein Hauptreiseziel Persien Kurs nehmend. Für die Strecke Petersburg – Moskau nahm er die Eilpost, die 72 Stunden benötigte und ihn 18 Silberrubel kostete.

Auf seinem weiteren Weg südwärts gelangte er an die Wolga. Mehr als zweihundert Werst[32] legte er mit dem Schlitten auf dem zugefrorenen Fluß zurück, ein nicht ungefährliches Reisen, wie er sagt.

Mehrere Schlitten waren schon durch das Eis durchgebrochen und mit Mann und Pferd versunken.

Großen Eindruck macht auf ihn ein Besuch der auf die Zarin Katharina II. (1762-1796) zurückgehenden Kolonie der Wolgadeutschen. Hier fühlt er sich ganz heimisch. Er lobt die Reinlichkeit ihrer Siedlungen und die Gastfreundschaft dieser Leute.

. . . sie waren überall froh und zufrieden und rühmten allgemein die väterliche Gnade des Kaisers (gemeint ist Zar Nikolaus I., 1825-1855).

Die kleine Stadt Sarepta an der Mündung der Sarpa in die Wolga war 1765 als eine Niederlassung der Herren-

Die goldne Zeit,
oder
München im Jahre 1840

Ein Brautwerber.

Ach, alles schreit, die bösen Zeiten!
Ich möcht's beinahe wiederstreiten;
Aus Moos macht man jetzt Wiesenfelder,
Zu weit'sten Reisen hat man Gelder. —
Zum Teufel — und mit 70 Jahren
Lernt man den Bräuten reiten, fahren, —
Und läßt Gott ein paar Geitzhäls sterben,
Holla, da giebt es brav zu erben.
Um vierthalb Gulden kauft man Schiller,
Um 15 Kreutzer hört man Triller
Mein Gott, — was geht den Zeiten ab?
Ich wünsche mir noch lang kein Grab. —

huter Brüdergemeinde entstanden. Es freue ihn,

. . . jetzt unter diesen sechzig brüderlichen Familien, die alle Deutsche sind, nach acht Monaten endlich einmal gut und reichlich ein paar Wochen zu leben, nachdem ich die ganze Zeit in meinem Pelz und Kleidern nur auf Bänken oder der Erde geschlafen, endlich einmal wieder ausgekleidet zwischen weißen Leintüchern auf einem guten Bett auszuruhen.

Weiter ging es nach Astrachan zum Kaspischen Meer und dann, den Kaukasus überquerend, nach Persien. Die Eindrücke, die er von diesem unterentwickelten Lande aufnimmt, sind fast durchweg negativ.

Das ganze weite große Land, welches ich bis Teheran zwischen und über Bergen, die alle ausgebrannte Vulkane sind, durchritt, ist eine öde Steppe, wo nichts angebaut ist. Ich schlafe immer vor den Dörfern im freien Feld, wenn wir (hier ist er also ausnahmsweise nicht allein!) nach einem Tagesritt ein Dorf antreffen, welches nicht immer der Fall ist; sonst bleibt die Karawane an einem Bach, die Zelte werden aufgeschlagen, es wird gekocht, die Pferde, Maulesel und Esel weiden umher.

In Teheran wohnt er kultiviert im kaiserlich-russischen Gesandtschaftshotel. Es wird ihm die besondere Auszeichnung zuteil, vom Schah empfangen zu werden.[33] Seine Unterredung mit dem persischen Herrscher ist, seinem Bericht zufolge, an Banalität kaum zu überbieten.

Ich wurde dem Schah auf Veranlassung des russischen Ministers Grafen Meden durch den persischen Minister des Äußern vorgestellt. Ich ging neben diesem Minister. Als wir den Schah zu Gesicht bekamen, machte er immer nach einigen Schritten eine Verbeugung, welche ich nachmachte. So kamen wir ihm auf drei Schritte nahe. Er lag auf der Erde, mit ein paar Kissen am Rücken, in seinem großen Zelt, in einem kleinen, niedlichen Zimmer.

Er frug: »Aus welchem Lande sind Sie?«

»Aus Bayern.«

»Gibt es in Bayern schöne Weiber?«

»Ja, sie werden für die Schönsten der bekannten Welt gehalten.«

»Wieviele Weiber hat Ihr König?«

»Nur eine Frau, welche sehr schön und die Königin des Landes ist.«

»Hat Ihr König sonst keine Liebschaften?«

»Ja, da er viel Verstand hat, so liebt er alles, was schön und liebenswürdig ist.«

»Wieviele Soldaten hat Ihr König?«

»Hunderttausend Mann, und wenn es sein muß, eine halbe Million.«

»Ist es wahr, daß Ihre Weiber unverschleiert überall umhergehen und mit den Männern tanzen?«

»Ja, sie sind deswegen um so treuer, weil sie frei sind. Sie gehen überall frei ohne Begleitung, stehen in den Buden, im Bazar zum Verkaufen, bedienen in den Häusern und genießen überall in Ehren die volle Freiheit. Sie gehen ohne Schleier, weil wir Männer uns das Vergnügen nicht rauben wollen, alle schönen Weiber anzusehen. Der Perser dagegen sieht nur diejenigen, die in seinem Harem sind, während die Weiber, wenn sie über die Straße gehen, alle Männer sehen.«

»Das ist eine schöne, richtige Bemerkung, die ich noch nie gedacht und gehört habe, aber sehr wahr und richtig.«

»Haben Sie auch, wie Sie jung waren, mit den Weibern getanzt?«

»Ja, ich habe auch noch mehr getan; der Mensch bleibt überall Mensch und ist sich gleich.«

»Was halten Sie von Napoleon?«

»Er war durch unsere Geteiltheit und inneren Zwist ein glücklicher Soldat; aber er wußte selbst nicht, was er wollte. Sein Zug nach Rußland verrät Mangel an Takt und Unverstand. Er mußte die Türken bekriegen, Kleinasien an Persien geben und mit Persien vereint nach Indien gehen.«

»Sie geben mir immer schöne und richtige Antworten.
Ich erteile Ihnen den großen Stern meines Sonnen- und Lö-
wen-Ordens in Brillanten mit dem breiten grünen Band
über die Schulter . . . Jetzt leben Sie wohl. Besuchen Sie
mich vor Ihrer Abreise. Sie sind mir immer willkommen.«

Tatsächlich suchte Hallberg den Schah zum Abschied
noch einmal auf. Auch dieses Gespräch gibt er wieder.
Dabei fällt auf, daß streckenweise die Worte, die er dem
Schah in den Mund legt, so exakt seine eigene Meinung
wiedergeben, daß sich Zweifel melden, ob es wirklich
der Schah war, der sie gesprochen hat oder ob Hallberg
hier nicht manipuliert hat, um aus dem Munde eines
Herrschers seiner Meinung mehr Gewicht zu verleihen.

Am meisten beschäftigte ihn (den Schah) *zu wissen,*
was der König von Baiern machte. Ich erzählte ihm, daß
der König durch sein Land einen Kanal habe bauen las-
sen, welcher das Schwarze Meer mit Holland verbinde
(Donau-Main-Kanal); das setzte ihn sehr in Erstaunen.
Dann sagte ich ihm, er habe seine Stadt zur schönsten von
Europa gemacht, lasse Brücken bauen . . ., lege Heer-
straßen für die Ewigkeit an, befördere den Ackerbau,
verbessere den Zustand der Bauern. Er lasse Schlösser
und Kirchen bauen, welche Beweise der Zivilisation und
der Kunst seiner Regierungszeit sind; er habe große
Prachtgebäude aufrichten lassen, wo die Gemälde und
Statuen der alten und neuen Zeit die Bewunderung aller
Jahrhunderte seien und auf die Nachwelt die Kunst der
Gegenwart bringen würden . . .
»Ist es wahr«, unterbrach er mich, »daß man in Euren
Kirchen Gott wie einen alten Mann abbildet? Aber, wer
hat ihn gesehen, als in der Allmacht seiner ganzen Schöp-
fung?«
Dann weiter der Schah: »Ihr brüstet Euch in Europa mit
Eurer hohen Weisheit und setzt dem Würger der Men-
schen, Napoleon, Statuen, dem Ernährer, der ihnen Kar-
toffeln gab, gedenkt Ihr nicht und streitet Euch, ob er Ra-

leigh oder anders hieß. Überall wollt Ihr Europäer Eure Weisheit, die Ihr Zivilisation nennt, einführen und begreift nicht, daß die Welt und die Menschen überall verschieden sein müssen. Unser Gott leidet keine Abbildung, keine Bilder neben sich; der Eurige ist für den höhern Geist zu menschlich. Es ist nicht Mahomet, es ist die Vernunft, welche uns sagt, wie wir das Höchste aller Wesen anbeten sollen. Dein König ist ein großer Mann; ich wünschte ihn zu sehen. Einen Kanal zu machen, der das Schwarze Meer mit Holland verbindet, ist das größte Werk unserer Zeit, für den Handel von der größten Wichtigkeit.«

Was immer von seinen Gesprächen mit dem Schah korrekt wiedergegeben oder dazu erfunden sein mag, sicher ist, daß der Eremit sich bei dem Herrscher eindrucksvoll in Szene gesetzt haben muß, was zur Folge hatte, daß dieser ihn hoch dekorierte und zum Sertib (Generalsrang) ernannte. Das entsprechende Diplom sei auszugsweise nachstehend in deutscher Übersetzung wiedergegeben als Beispiel für den damaligen Kanzleistil am persischen Hofe.

»So wie die Idee des hellen Blicks und die Meinung der einsichtsvollen Vernunft der Gerechtigkeit, die Alles umfaßt, einig sind, daß die Untertanen jedes Königreichs und die Männer aller Nationen, die unsre königliche Schwelle, welche Gerechtigkeit zu Grund hat, zu küssen kommen: Wir machen sie berühmt und hoch unter Ihresgleichen durch einen Hauch des Zephyrs unserer Gnade und durch die Zeichen unserer Gewogenheit.
Da der jetzt sehr Erhöhete, der Tapfere, der Mächtige, der Scharfsinnige, der Starke, die Stütze der christlichen großen Herren, der Sartib Hallberg aus Bayern zu Unserer Majestät angekommen ist, und da Wir seine aufrichtigen Gedanken und seine guten Vorhaben sehen, so geben Wir ihm, um unsere Wohltätigkeit zu beweisen und ihn berühmt und hoch zu machen, den Orden des Löwen und der Sonne von Sartibs Grad mit Brillanten geziert, daß er immer seine Brust ziere und Uns immer seine aufrichtigen Gedanken und guten Vorsätze erzeige.
Wir befehlen den sehr Erhöheten, den Ruhmes- und Pracht-

Anteilhabenden Unseres Reiches, daß sie diesen hohen Ferman (Diplom) in die königlichen Journale einschreiben.
Gegeben im Djemadins-Sany Monat 1259[34], Mahomed Schah, den Gott segne.«

Der Eremit meinte zwar, man dürfe sich auf derartige Ehrungen nicht allzu viel einbilden, da man am Hofe des Schahs damit recht freigiebig umginge. Das hinderte ihn jedoch nicht, zuweilen gerade diese Auszeichnung besonders herauszuheben.

Trotz der außerordentlich ehrenvollen Aufnahme im Lande des Schahs nimmt der Eremit leichten Herzens Abschied von Persien. Er empfindet im Grunde nichts für Land und Leute. Immerhin räumt er ein:

Die Perser sind von den Fremden, welche sich da aufhalten, sehr verschrien wegen ihrer Unehrlichkeit. Auch soll ihr Haß gegen die Christen sehr groß sein. Mir hat aber keiner etwas Böses getan, auch bin ich von keinem beleidigt worden . . . Ich glaube also, daß alles Böse, was man ihnen nachsagt, sehr übertrieben ist.

Er durchquerte nun Rußland in umgekehrter Richtung vom Kaukasus her, dem sich zwischen Schwarzem und Kaspischem Meer erstreckenden Gebirgsland, das erst zu Lebzeiten des Eremiten, sozusagen scheibchenweise, von Rußland erworben worden war. Viel Freude machte freilich der Erwerb den Russen nicht. Die Unruhen rissen nicht ab. Überfälle aus dem Hinterhalt, Mord und Totschlag waren an der Tagesordnung. Nur war die Bewertung dieser Vorgänge je nach Standpunkt des Betrachters verschieden. Für viele, die das Geschehen mit Interesse verfolgten, handelte es sich bei den unruhigen kaukasischen Volksstämmen um heldenmütige Freiheitskämpfer gegen die russische Fremdherrschaft. Der Eremit sah das anders:

Die Völker des Kaukasus sind nicht die edlen Menschen, welche durch eine natürliche Notwehr die Waffen zur Verteidigung (beziehungsweise Rückgewinnung) ih-

rer Freiheit gebrauchen; sie zwangen die Russen, sie zu
bekriegen, weil sie zu Raub und Mord immer in die russi-
schen Länder einfielen, sengten, brannten und die Men-
schen wegführten, ihr Hab und Gut stahlen und zugrunde
richteten . . .

Die Verluste, die der fortwährende Kleinkrieg im
Kaukasus den Russen verursachte, ohne einen entschei-
denden militärischen Erfolg einzubringen, machten
dem Eremiten ernsthaft Kopfzerbrechen. Die ganze militärische und politische Problematik der »Kaukasus-
Frage« beschäftigte ihn so sehr, daß er schließlich eine
eigene Strategie zu einer erfolgversprechenden militärischen Aktivität entwirft und dem Zaren unterbreitet.
Die Einzelheiten können hier übergangen werden, denn
die Pläne, für die der Zar ihm ein freundliches Dank-
schreiben übermitteln ließ, landeten offensichtlich im
kaiserlichen Papierkorb. Am Ende gelangte der Eremit
selbst zu der Überzeugung, daß es letztlich doch wohl
besser sei, den Völkern im Kaukasus mildere Sitten bei-
zubringen als sie totzuschlagen und sich von ihnen totschlagen zu lassen. Für eine solche Aufgabe traute er die
Lösung nur einer Institution zu, den Jesuiten, auf die er
überhaupt nichts kommen läßt; vielleicht eine Nachwir-
kung seiner jesuitischen Erziehung in seinen frühen
Kindheitstagen.

1844 kann der Heimgekehrte endlich wieder in seiner
»Wurst« an seinem geliebten Café Tambosi am Münchner Hofgarten vorfahren. Ein Jahr später taucht er in
Metz, Paris und Brüssel auf, alles Städte, die ihm längst
vertraut sind.

1847/48 begibt er sich abermals – nun fast achtzigjäh-
rig – auf eine große Tour. Immer noch hat er nicht genug
von dem ruhelosen Nomadenleben. Doch das sollte nun
wirklich seine letzte Reise sein. Es wurde sogar noch
einmal eine ganz große Reise: bis ins ferne Indien nämlich.

Erstes Etappenziel dieser Reise war Rom, wo er aus den Händen von Papst Pius IX. (1846-1878) den Orden vom Heiligen Grabe entgegennehmen konnte. Am 24. Januar 1848 schiffte er sich in Neapel nach Malta ein, von wo aus er über Alexandria, Jaffa und Beirut nach Jerusalem pilgerte. In Jerusalem ließ er sich zum Ritter des Ordens vom Heiligen Grabe schlagen. Das war nach seinen Worten eine reine Geldfrage. Man mußte nur bereit und imstande sein, einhundert venezianische Dukaten für diesen Zweck zu opfern.

Weiter zog er nach Damaskus, und von dort machte er einen Abstecher von fünf Tagesreisen nach Palmyra (Tadmor) und zu den Ruinen von Baalbek (Heliopolis). Beide Orte mit ihrem ehrwürdigen Alter und den monumentalen Ruinen aus der römischen Kaiserzeit fand er überwältigend. Danach wandte er sich wieder nach Alexandria, Dreh- und Angelpunkt auf seinen Orientreisen, und durchschiffte von dort aus das Rote Meer mit Station in Mekka und Aden. Und, da er nun schon einmal so weit auf dem Wege nach Indien war, wollte er auch dieses Ziel noch packen. Das gelang ihm auch, so daß er kreuz und quer durch Indien reiste. Ausdrücklich wird erwähnt, daß er Bombay, Kalkutta und Madras besuchte. Auch der Insel Ceylon stattete er einen Besuch ab. Leider hat uns der Eremit nichts Näheres über seine Eindrücke von dem indischen Subkontinent hinterlassen. Ist er nicht mehr dazugekommen oder hat es ihm an der Lust gefehlt, seine Erlebnisse und Impressionen niederzuschreiben? Wir wissen es nicht. Sicher hat er auch die indische Welt mit Interesse in sich aufgenommen. Die Rückreise unternahm er, wie könnte es anders sein, über Alexandria und von dort, wieder nicht ohne einen Bogen zu schlagen, über Marseille, Paris und Brüssel in seine bayerische Heimat.

Noch im gleichen, so turbulenten Jahr 1848 ist im »Fränkischen Kurier« in einer Anzeige des Eremiten zu lesen:

Ich will, müde des Geschwätzes von Freiheit und Gleichheit, Volksglück und Republik, alles unmöglich im alten Europa, (mich) nach Amerika einschiffen, und mich nach der ewig geliebten Freiheit umsehen, und, habe ich sie gefunden, bis zum letzten Tage bei ihr bleiben; finde ich sie aber nicht, nach dem kranken Europa zurückkehren, da ich es alsdann nicht ändern kann. Ich mache also bekannt, daß ich mich am 1. Mai 1849 nach Amerika einschiffen werde und ersuche alle diejenigen, welche die Reise in Gesellschaft mitmachen wollen, sich in frankierten Briefen an mich zu wenden.

Chameregg bei Cham im Bayerischen Walde am 20. September 1848
Freiherr von Hallberg, Großkommenthur des königlich persischen Sonnen- und Löwen-Ordens.

So widerspruchsvoll konnte er sein: wovon er anderen immer abgeraten hatte, das nahm er sich nun selbst vor.

Indessen, der 1. Mai 1849 verstrich, und der Eremit blieb, wo er war: im alten, »kranken Europa«. Daß aus dem großen Vorhaben nichts wurde, lag sicherlich weniger an den unruhigen Zeitläuften – sie hätten ihn wohl eher in seinem Vorhaben bestärkt – als vermutlich an seinem sich nun doch deutlich verschlechternden Gesundheitszustand. Vor allem sein schwindendes Augenlicht machte ihm zunehmend zu schaffen.

Wenn, wie er des öfteren sagte, »nur Reisen Leben« sei, dann war sein Leben abgeschlossen. Für sein »erlebendes«, aktives Leben traf das sicher zu. Recht lebenswert wird er die ihm verbliebenen Jahre nicht empfunden haben, obgleich sein Lebensfaden noch für fast anderthalb Jahrzehnte reichen sollte. Sein Lämpchen glühte noch, wenn auch – von vereinzeltem Auflodern abgesehen – nur noch auf Sparflamme.

Jetzt erst sollte er in der Tat zu einem Eremiten werden.

Alter Schützt
vor Torheit nicht

Alter und körperliche Hinfälligkeit, insbesondere seine schwindende Sehkraft, zwangen unseren Weltenbummler nun endlich doch zur Seßhaftigkeit. Schon 1848, im gleichen Jahr, als er noch seine Auswanderungsabsichten öffentlich ankündigte, tat er etwas, was er früher verabscheut hatte: er fuhr ins Bad.

Jahre zuvor hatte er noch gewitzelt:

Bäder sind überhaupt nichts für mich, denn in Bädern muß man krank, verliebt oder tot sein, sonst ist es nicht zum Aushalten.

Jetzt, 1848, sucht er Bad Ems auf, das Bad, von dem er einmal gesagt hatte, es soll

die Kraft der Fruchtbarkeit besitzen, welchen Ruhm man durch gesunde, starke Badeknechte zu erhalten sucht.

Nun, Tote reisen nicht, und daß er aus Verliebtheit sich dorthin begab, ist in diesem Falle unwahrscheinlich, so daß er wohl kurbedürftig gewesen sein muß. Näheres darüber, was er zu kurieren suchte, wissen wir nicht, aber wir hören von einer Begegnung, die uns eine Frau von Boettcher, die ihn dort angetroffen hat, in ihren Jugenderinnerungen schildert.[35] Zunächst beschreibt sie seine äußere Erscheinung:

»Der Ankömmling war ein Mann etwas unter Mittelgröße; sein mit großen Sommerflecken bedecktes Gesicht war von einem langen schneeweißen Bart umrahmt, der ihm beinahe bis

auf die Mitte der Brust herabreichte; unter den buschigen weißen Brauen funkelten zwei kleine, ungemein lebhafte graue
Augen hervor. Auf dem Kopfe trug der Fremde einen roten Fez
mit großer blauer Quaste. Er war mit einem langen, bis oben
hin zugeknöpften, braunen Tuchrock bekleidet, ähnlich dem
Kaftan, welchen die polnischen Juden zu tragen pflegten. Seine
weiten grauen Beinkleider steckten in Stulpenstiefeln, und um
den Leib hatte er einen türkischen Schal gewunden. Ein großer
Säbel in goldener Scheide vollendete dieses freilich etwas sehr
auffallende Kostüm.«

Auf die Frage der damals noch jungen Dame, ob es
ihm seinerzeit (1840), als er seinen allseits bekannten
Heiratswunsch öffentlich kundtat, mit der Heiratsab-
sicht denn ernst gewesen sei, habe er geantwortet:

*Nein, ich bin immer noch frei, hatte auch damals nicht
die geringste Lust, mich zu verheiraten.*

Er gestand ihr immerhin ein, eine der vielen Bewerberinnen, die junge, hübsche Tochter eines armen schwä-
bischen Dorfschulmeisters, persönlich aufgesucht zu haben, wohl um einmal die Probe aufs Exempel zu machen, was es denn mit den Bewerbungen auf sich habe.
Das Schwabenkind hatte keinen Hehl daraus gemacht,
daß es ihr nur auf eine Versorgungsgemeinschaft ankam. Die Trumpfkarte des Eremiten, die bei ihr gestochen hatte, war gerade sein hohes Alter, ein Faktum,
das er verständlicherweise herunterzuspielen versucht
hatte mit dem Hinweis, daß er sich »noch frisch auf den
Knochen« und »den Kräften nach wie 25« fühle. Die
Schwäbin aber dachte schon weiter, über die Ehe mit dem
Eremiten hinaus, und hoffte in absehbarer Zeit wieder
frei, ihren nicht nur nach Kräften, sondern auch nach Jahren jungen Geliebten heiraten zu können, wozu den beiden vorerst die Mittel fehlten. Dieses Erlebnis hätte eigentlich für den Eremiten ernüchternd sein müssen; vielleicht war es das auch, dann jedoch nicht dauerhaft. Er
sollte seine letzte Liebestorheit noch vor sich haben.

Hallberg, Aquarell von Franz von Pocci (Stadtmuseum München)

1849/50 suchte sich der Eremit seine Altersbleibe. Nachdem er ausgiebig nach alten Burgen und Schlössern im Bayernlande Ausschau gehalten und sich der Plan, am Königssee bei Berchtesgaden in einer Schweizerhütte den Lebensabend zu verbringen, zerschlagen hatte, erwarb er Ende 1850 das baufällige Schloß Hörmannsdorf bei Dingolfing in Niederbayern und richtete sich hier in seiner gewohnten skurrilen Art halbwegs wohnlich ein.

Am 30. November 1850 erschien im »Sammler«, einer Unterhaltungsbeilage der Augsburger Abendzeitung, folgendes Eingesandt:

Der Eremit von Gauting zeigt seinen Freunden an, daß das Alter ihn gezwungen, seinen Wanderstab niederzulegen und daß er seine Burg Hermannsdorf bezogen, wo er nun seinen Kohl in Frieden und Ruhe zu pflanzen gedenkt und seine Freunde bittet, ihn da zu besuchen. Seine Burg Hermannsdorf liegt an der Landstraße, die von Landshut nach Straubing führt, ungefähr im Mittelpunkt zwischen beiden Städten.

Beigefügt war der Anzeige »die Hausordnung des Eremiten«, ein in der Zitatenauswahl nachzulesendes, um Besucher werbendes, anspruchsloses, jedoch nicht ungeschickt gereimtes Gedicht.

Wenn nicht alles trügt, fielen die Besuche seiner Freunde in der abgelegenen neuen Behausung trotz der öffentlichen Einladung weit spärlicher aus, als er erwartet haben mochte. Der alte Nomade, der nun aus Alters- und Gesundheitsgründen nicht mehr so konnte, wie er wollte, war natürlich nicht mehr so guter Laune wie früher, wenn er seine Reiseerfahrungen mit netten Histörchen geschmückt zum Besten gab. Ein Besuch bei dem Eremiten war schon aus diesem Grunde nicht mehr so verlockend.

So wurde es allmählich einsamer um ihn, und wenn er noch am 18. Juli 1854 ein Hausverbot für alle Engländer und Franzosen aussprach, so war das sicher nur eine verbale Demonstration, die man belustigt zur Kenntnis nahm, sonst nichts. Ausgelöst worden war die »Sanktion« von seiner Verärgerung über die »unwürdige Behandlung«, die König Otto von Griechenland, der Wittelsbacher, durch England und Frankreich erfahren hatte,

da nie ein Agilolfinger und ein Wittelsbacher solche Behandlung erlebt hat.

Was war geschehen? Ein Versuch einiger Hitzköpfe, während des Krimkrieges 1854 mit griechischen Freischaren zugunsten Rußlands in die Türkei einzufallen, wurde von England und Frankreich, die das Zarenreich vernichtend schlugen, mit jahrelanger Besetzung des Piräus, des Tores nach Athen, beantwortet; eine schwer erträgliche Demütigung für einen souveränen Staat.[36] Viele Engländer und Franzosen wird das Hausverbot sicher nicht behindert haben.

An nahen Angehörigen mit engeren Bindungen an ihn war ihm allenfalls der am 2. April 1842 geborene Enkel Mathias verblieben, dessen Geburt die Mutter, die vom Eremiten innig geliebte »Fregie«, nur um wenige Tage überlebt hatte († 9. April 1842). Das andere Kind aus Fregies Ehe mit Uso Freiherrn von Künßberg-Thurnau, die Tochter Hildegard, geboren am 29. Juni 1841, scheint sich um den Opa Hallberg kaum gekümmert zu haben. Jedenfalls tritt sie nicht in Erscheinung. Uso, des Eremiten Schwiegersohn, hatte sich über den Verlust seiner Fregie inzwischen mit einer dritten Ehefrau getröstet, distanzierte sich also auch vom Eremiten.

Hermann Siegburg, der ungeliebte Sohn des Eremiten, war 1851, kurz nachdem Hallberg nach Hörmannsdorf umgezogen war, an den Folgen eines Sturzes vom Pferd gestorben, ohne Kinder zu hinterlassen.

Hallbergs Brüder lebten zur Zeit der Übersiedlung nach Hörmannsdorf alle nicht mehr.[37] Franz hatte als letzter wenige Monate zuvor als königlich spanischer Oberst das Zeitliche gesegnet.

Nur Mathias, in welchem wohl der Herausgeber der hinterlassenen Papiere des Eremiten zu sehen ist, scheint sich für den alten Mann in Hörmannsdorf interessiert und ihn dort besucht zu haben, und er ist es wohl auch, den der Eremit in seinem Testament bedacht hat.

So war es also einsam um den Alten geworden, und es sollte ihn noch ärger treffen. Es wurde auch im buchstäblichen Sinne finster um ihn. Um etwas gegen die seit Jahren schwindende Sehkraft zu unternehmen, unterzog er sich 1853 einer Operation in München, die gänzlich mißglückte und ihn völlig erblinden ließ.

Kurz vor diesem harten Schicksalsschlag hatte der fast 85jährige seine letzte Liebestorheit begangen. Er hatte sich wirklich »die Jugend nicht abgewöhnen« können. Lichterloh entflammte sein Herz in Liebe zu einer achtzehnjährigen Freisinger Bürgerstochter. Kurz entschlossen ging er auf sie zu und hielt um ihre Hand an. Der Vater der Angebeteten gab seinen Segen, wohl im Hinblick auf den in absehbarer Zeit zu erwartenden Erbfall, und die umworbene Tochter fügte sich, offensichtlich mehr der Not gehorchend als dem eigenen Triebe.

So machte sich das Paar auf den Weg von Freising nach Hörmannsdorf, wo die Hochzeit stattfinden sollte. Indessen kam der Eremit allein in Hörmannsdorf an. Unterwegs war ein Nachtquartier in Landshut genommen worden, und da fand die junge Braut eine Gelegenheit zu entwischen und ihren Freier sitzenzulassen. Auch wenn er es bis dahin nicht wahrhaben wollte; nun war es ihm zur schmerzlichen, unumstößlichen Gewißheit geworden, daß junge schöne Mädchen für ihn nicht mehr zu haben waren.

Drei dienstbare Geister machten fortan seine engste menschliche Umgebung aus und betreuten ihn: eine

Vorleserin, eine Haushälterin und ein Gärtner, der auch Küchendienste mit versah.

Einsam und finster war es um ihn geworden, still dagegen nicht. War es ihm schon nicht vergönnt, sich am Schauen zu ergötzen, so wollte er wenigstens seinem intakt gebliebenen Gehör noch etwas bieten. So versammelte er um sich herum eine Unmenge von Singvögeln aller Art, die in Käfigreihen über- und nebeneinander untergebracht waren. Das war aber nicht die einzige Geräuschkulisse. Eine imponierende Sammlung (angeblich Hunderte) von Schwarzwalduhren tickte und kukkuckte in den Räumen. Was für ein Gewirr von Tönen und Geräuschen, bei dem man sicher Mühe hatte, sein eigenes Wort zu verstehen.

Wenn er sich nun auch nicht mehr schreibend oder diktierend verewigen wollte oder konnte, eine Möglichkeit blieb ihm noch, sich einen guten Abgang zu verschaffen: wohltätige Stiftungen. So spendete er unter anderem 1856 1000 Gulden für die Armen von Hörmannsdorf und Weng. Um allen etwaigen Zweifeln und Anfechtungen an der Zurechnungsfähigkeit des Eremiten zuvorzukommen, bezeugte die Gemeinde Weng durch Siegel und Unterschriften, daß der Stifter den Text der Urkunde selbst diktiert habe und »daß er seines Verstandes bei seinem hohen Alter völlig mächtig ist und sich in fünf Sprachen noch richtig und gewandt auszudrücken vermag«.

Die letztere Bemerkung von dem Fünfsprachentalent hätte sich die Gemeinde lieber ersparen sollen. Die Fähigkeit, sich in einer Sprache vernünftig auszudrücken, genügte für den Zweck vollauf. So aber zog ein kritischer Zeitungsschreiber zwar nicht die Glaubwürdigkeit des Eremiten, wohl aber die der Gemeindevertreter von Weng in Zweifel. Eine Münchner Zeitung hatte den Text der Stiftungsurkunde veröffentlicht und es sich nicht verkneifen können zu fragen, ob sich denn etwa die Gemeindeväter von Weng durch eine Konversation davon überzeugt hätten, daß sich der Stifter in fünf Sprachen gewandt auszudrücken vermag. Solche Zweifel an ihrer Glaubwürdigkeit konnten die Wenger natürlich nicht auf sich sitzen lassen, und so strengten sie sich gewaltig an, die angezweifelte Behauptung hieb- und stichfest zu begründen. Das Elaborat ist im Kurier für Niederbayern vom 17. Oktober 1856 nachzulesen. Um sich zu rechtfertigen, schrieben sie:

». . . so wollen wir die Gründe, durch die wir uns zu fraglicher Bestätigung berechtigt glaubten, hiermit aufrichtig angeben.
1. Daß Herr Baron Deutsch spricht, wissen wir alle, weil wir mit ihm reden können.
2. Daß er der französischen Sprache mächtig ist, glauben wir, weil wir wissen, daß er seine militärische Bildung im Kadettenkorps zu Metz in Frankreich genossen hat und seine Reisen ohne Gewandtheit in dieser Sprache nicht leicht zu unternehmen gewesen wären.
3. Bezüglich der italienischen Sprache wissen wir, daß er sich während seines Aufenthalts in Rom, wo er das Bürgerrecht erlangte, bei Sr. Heiligkeit Papst Gregor XVI., der ihn mit zwei Orden dekorierte, insinnierte, weil er sehr geläufig Italienisch sprach.
4. Daß ihm die englische Sprache nicht fremd sein kann, entnehmen wir daraus, weil er nicht nur England viel bereiste, sondern auf der Universität einige Zeit Collegien nahm.
5. Daß Herr Baron ein guter Lateiner ist, haben wir schon von gescheitern Männern sagen hören, haben aber auch schon Gelegenheit gehabt zu bemerken, wie er manchmal reisende Herren, die ihm als Gelehrte einen Besuch abstatteten, aufsitzen ließ, so daß sie auf lateinische Anreden entweder zum lieben Deutsch oder gar zum Schweigen ihre Zuflucht nehmen mußten.
6. Als Herr Baron vor ungefähr vier Jahren das weibliche Erziehungsinstitut der Ursulanerinnen zu Straubing besuchte, pries er dasselbe als eines der vorzüglichsten in Deutschland, weil ihm die Zöglinge in französischer, englischer und italienischer Sprache Beweise von ihren Kenntnissen geben konnten.«

Bis zuletzt blieb der erblindete Eremit bei klarem Geist und Bewußtsein. Sein Gedächtnis leistete ihm lebenslang ausgezeichnete Dienste.

1862 – im 94. Lebensjahr – fand er es an der Zeit, sein Testament zu machen. Am 6. Januar wurde es in dem zu

Landshut erscheinenden »Niederbayerischen Kurier« veröffentlicht. Zu je 1/4 setzte er zu seinen Erben ein: den Freiherrn von Künßberg-Thurnau, seinen Gärtner, seine Haushälterin, seine Vorleserin. Er mag gefühlt haben, daß es mit ihm zu Ende ging. Keine drei Monate später tat er seinen letzten Atemzug, am 17. April 1862, im Alter von 93 Jahren und 7 Monaten. Sein Leben verlosch wie eine Kerze, die gänzlich heruntergebrannt war.

Ein stattliches Gefolge aus Einwohnern und Angereisten gab dem Verstorbenen auf dem Wege zum Friedhof von Weng, der Gemeinde, zu der Hörmannsdorf gehörte, das Geleit. Kein naher Angehöriger war darunter. Unter den Böllerschüssen von vier kleinen Kanonen, die der Verstorbene der Gemeinde geschenkt hatte, senkte sich der Sarg des rheinischen Freiherrn in die bayerische Erde.

Beschließen wir seine Lebensgeschichte mit Versen, die der Eremit an den Schluß seines Buches über seine Kaukasus-Persien-Reise setzte und die auch ein Stück Selbsterkenntnis enthalten:

». . . der Hallberg einst,
Der keiner Torheit schonte,
Wie alt sie war, wie hoch sie thronte,
Wie sehr sie sich der Weisheit Miene gab,
Sein Urteil weicht sehr oft von Andrer Urteil ab.

Der Menschen Urteil von den Sachen,
ist immer schwankend, das ist unser Los,
Und manches scheint dem Einen wichtig groß,
Worüber Andere bloß die Achsel zuckend lachen.
Amen«

DER EREMIT VON GAUTING IM
SPIEGEL SEINER SCHRIFTEN

Die ganze Spannweite im Denken und Handeln des Eremiten spiegelt sich eindrucksvoll in seinen vielfältigen Schriften. Ohne diese auszuwerten, kann er nicht verstanden und angemessen gewürdigt werden.

Es ist heute nicht leicht, an seine noch vorhandenen Schriften heranzukommen. Ein Teil ist überhaupt nicht mehr aufzutreiben. Das hat verschiedene Gründe. Einmal waren die Auflagen klein. Teils waren sie nur dazu bestimmt, vom Eremiten verschenkt zu werden. Zum andern wollten einige seiner Schriften der Zensur nicht gefallen, so daß sie mit Beschlag belegt wurden. So ist einer Verlautbarung der Regierung von Oberbayern vom 25. Februar 1845 zu entnehmen, »daß der verfügte Beschlag« (der Schrift »Deutschland, Rußland, Kaukasus, Persien«) »fortzusetzen sei, indem in genannter Druckschrift die Religion verspottet und die Sittlichkeit durch schamlose Enthüllungen auf gröblichste Weise angegriffen wird.«[38] Und dabei war der Autor der schamlosen, die Religion verspottenden Schrift Träger hoher päpstlicher Auszeichnungen!

Bereits sein »Deutsches Kochbuch für Leckermäuler und Guippées« (3. Auflage, Düsseldorf 1819), hinter dem sich keineswegs eine Sammlung bewährter Küchenrezepte verbarg, sondern ein seltsames Gebräu von Lesefrüchten, Gedanken, Meinungen und Erinnerungen, vor allem aber Vorwürfen an die Adresse der preußischen Regierung, verfiel der späteren Beschlagnahme und zog sogar einen Haftbefehl gegen ihn nach sich.

Sein »Lob der Diebe«, offenbar vom »Lob der Torheit« des Erasmus von Rotterdam inspiriert, konnte vermutlich gar nicht erst erscheinen. Andere Werke, wie seine »Reise nach England«, »Frankreich-Algier« und die schon erwähnte Reisebeschreibung »Deutschland, Rußland, Kaukasus, Persien« gelangten wenigstens teilweise doch an den Leser. Dennoch ist der überwiegende Teil seiner Bücher und kleineren Veröffentlichungen auch heute noch erreichbar, wenn auch mit einiger Mühe, da sie nicht zuletzt durch den Bombenhagel des Zweiten Weltkrieges nur noch in ganz wenigen Bibliotheken vorhanden sind.

Somit konnte der Versuch gewagt werden, auch aus den Schriften des Eremiten biographisch verwertbares wie zeitgeschichtlich interessantes Material zu gewinnen. Danach kann vorweg gesagt werden, daß die Etiketten, die dem Eremiten immer wieder angehängt worden sind, wie »Narr«, »Bayerischer Münchhausen«, »Eulenspiegel«, »Sonderling« oder »verschrobener Weltbürger« das Bild seiner Persönlichkeit unzureichend kennzeichnen. Wohl steckte von alledem etwas in ihm, aber die ganze Spannweite seiner Persönlichkeit ist auf diese Weise nicht zu umschreiben.

Eine ausführliche Würdigung soll hier jedoch noch zurückgestellt werden und dem Schlußkapitel vorbehalten bleiben. Hier sollen uns nur seine Schriften interessieren.

Warum, muß man sich fragen, hat sich dieser Mann, der vorgab, selbst nichts von seinem dummen Geschreibsel zu halten und den Lesern sein Bedauern aussprach, daß sie durch die Lektüre um ihre schöne Zeit geprellt würden, warum hat sich dieser Mann so ausgiebig über seine Reisen und andere Themen in Büchern und anderen Druckschriften ausgelassen, die nach seiner Meinung weder dem Autor Gewinn und Ehre einbringen konnten noch den Lesern zum Nutzen gereichten?

Seine Tiefstapelei ist sicher nicht als captatio benevolentiae gedacht; nein, gewiß nicht. In der Tat hat der Eremit seine Bücher schlampig verfaßt. Er hat sie einfach hingeschmiert, ohne auf Qualität der Darstellung auch nur den geringsten Anspruch zu erheben, weder was den Aufbau noch was die Ausdrucksweise betrifft. So erklären sich das häufige Abbrechen des Erzählflusses, die vielfachen Wiederholungen und Widersprüche sowie die Schwarzweißmalerei, in die er immer wieder verfällt. Andererseits erwächst gerade aus der spontanen Umsetzung seiner Eindrücke und Gedanken in das Geschriebene, ungefiltert durch irgendwelche Rücksichten, eine Lebendigkeit der Darstellung und Ehrlichkeit des Bekenntnisses.

Das Schreiben war für den Eremiten offenbar – um es abgewandelt mit einem Wort Georg Christoph Lichtenbergs auszudrücken – so etwas wie ein »Stuhlgang der Seele«. Er mußte sich einfach von Eindrücken und Gedanken, die ihn bedrängten, befreien, seinem Herzen Luft machen. Das würde auch erklären, weshalb er manche Meinungen, etwa über Aufklärung, Zivilisation, Konstitution, Luxus und Armut oder Napoleon bis zum Überdruß wiederholt. Im übrigen wollte er auch in seinen Schriften einen eigenen, schrulligen Weg gehen.

Ein Kapitel für sich sind seine Äußerungen über das weibliche Geschlecht und ihre Vertreterinnen. Sie gleiten gelegentlich unter die Gürtellinie ab. Kein Wunder, daß sich die Zensur immer wieder für seine Veröffentlichungen interessierte. Und das nicht nur aus diesem Grunde. Ebenso mußten die zahlreichen Passagen, in denen er, der »Pfalzgraf vom Lateran«, maßlos und undifferenziert über Männer und Bräuche der Kirche herzog, nicht nur bigotte Frömmler herausfordern, mochte in solchen Bemerkungen auch hier und da ein Körnchen Wahrheit versteckt sein.

Der Kritik bieten die Schriften des Eremiten wahrhaftig große Angriffsflächen. Dennoch ist auch heute noch ihre Lektüre ein Lesevergnügen eigener Art. Ein scharfsichtiger Beobachter, mitunter witziger Spötter, ein Mann erstaunlicher Belesenheit und reicher Lebenserfahrung, der frisch von der Leber weg schreibt, ist er, wiewohl nicht immer klug, bedachtsam und geschmackvoll, doch stets unterhaltend und nie langweilig.

Wer aber Hallbergs Schriften studiert, um ihn selbst daraus zu erkennen und durch ihn einen Blick in seine Zeit zu werfen, kommt allemal auf seine Kosten. Hallberg läßt seinen Gedanken ungeschminkt freien Lauf und gibt Antwort auf manche Fragen seiner Zeit, vielfach in der Rolle eines Außenseiters, gewiß, aber deshalb nicht weniger interessant.

Die nachfolgende Zitatenauswahl wird, abgesehen von einigen Anmerkungen, die zum besseren Verständnis geboten erschienen, ohne Kommentar wiedergegeben. Wenn man so will, mag man die »Würdigung« im Schlußkapitel als einen solchen ansehen. Die Auswahl wurde unter dem Gesichtspunkt vorgenommen, dem Leser einen wenn auch gedrängten, so doch möglichst repräsentativen Querschnitt der Gedankenwelt des Eremiten zu vermitteln.

I. ÜBER STAATSMÄNNER, STAATEN, VÖLKER, POLITIK, KRIEG

Napoleon

Er war gefühllos gegen das Elend, ohne Erbarmen verheerte er das eroberte Land und vernichtete den Wohlstand; Millionen Menschen opferte er fruchtlos seiner Kriegswut; . . .

Der endlich bezwungene Menschenwürger, der geniale Schlächter, den die vor Entsetzen staunende Geschichte den Großen nennt, starb in der Verbannung ruhig in seinem Bett, aus Verdruß, daß er nicht mehr schlachten konnte und aus Neid, daß er hören mußte, daß die Menschen sich brüderlich die Hand zum Frieden reichten, worüber er oft Tränen vergossen haben soll. (FA, 186 f.)

Die römischen Imperatoren starben in ihrem Schwert, wozu der arme Korse keine Lust hatte, obschon man Pistolen erfunden und es für den Feigen auch Opium und Blausäure gibt. (KüNa, 13)

Wenn man die große Ausdehnung des russischen Reiches, die Entfernung auf mehrere hundert Stunden von Städten, die sehr wenigen Dörfer, wo alle Notwendigkeiten des Lebens fehlen, . . . die schlechten Wege, die großen Flüsse, die kulturlosen Steppen, die Temperatur von der größten Hitze zur größten Kälte . . . bedenkt, so kann man nicht begreifen, wie der Bonaparte, welchen der Aberwitz den Großen nennt, Rußland bekriegen konnte, denn er mußte und konnte es kennen, und der Ochs geht doch nicht weiter, als er Gras zum Fressen findet. (RCP I, 274)

Karl X. König von Frankreich (1824-1830); Louis Philippe, König von Frankreich (1830-1848)

Karl X. scheiterte, weil er die abgelebten Ideen der Haarbeutelszeit wieder hervorrufen wollte und Ludwig Philipp wird scheitern, weil er auf Vernunft und Philosophie bauen will, da nur Leidenschaft und Unwissenheit die Menschen fesselt. (FA, 143)

Frankreichs Besetzung von Algier (1830)

Es war ein Krieg zum Wohle aller Länder; sie befreiten die Menschheit, alle Fürsten und Völker vom schändlich-

sten Joch, welches je die Welt getragen hat. *Frankreich opferte Millionen von Menschen, um die Sklaverei zu vernichten. Napoleon sprach von Freiheit der Meere; Karl X. gab sie der Welt. Die Fürsten und Völker sind nicht mehr Tribut zahlende Vasallen der Barbaresken.* (FA, 124)

Die Franzosen in Algier

Die Franzosen, denen Gott Heil und Segen für die Auslöschung der schändlichsten Räubereien der Beys geben wolle . . . haben jedoch Fehler und Mißgriffe hier begangen, welche leider in der Geschichte ihr großes göttliches Werk verunstalten werden. (FA, 99)

Die französische Nation

(Auf einer Soiree, zu der Hallberg eingeladen war) *Die französischen Damen waren schön geputzt, doch klebte an allen die Revolution und eine sichtbare Rückgängigkeit in den feinen Sitten, welche die Zierde der Gesellschaft sind. Man sieht in* (an) *Frankreich, daß eine Nation von der feinsten Kultur und Höflichkeit wieder in die roheste Grobheit fallen kann, ohne eben von Barbaren unterjocht zu werden.* (FA, 52)

Römer – Franzosen

Städte, Wasserleitungen, Brücken, Tempel, Theater, Heerstraßen, alles, was die Kunst Schönes und Nützliches hatte, gaben sie (die Römer) *den eroberten Völkern zum Anstaunen und ewigen Gedächtnis ihrer Größe. Von den Franzosen blieb am Rhein nichts als das Andenken der Plünderung, der Assignaten, womit sie die Menschen betrogen, die Zerstörung der Altertümer, der Verkauf der Domänen und der Steine der alten Burgen, die eine Zierde des Landes waren.* (RCP I, 21)

Zur deutsch-französischen Rheinkrise 1840

An das deutsche Volk (Auszug)
Deutsche! Wie lange wollt Ihr noch in den Zeitungen lesen, daß Frankreich sich rüstet, um Eure vollen Beutel wieder auszuleeren? Habt Ihr vergessen, daß Ihr dreißig Jahre die Sklaven ihres Übermutes wart? Nicht einen Augenblick habt Ihr Zeit; sie stehen schon in großen Massen bewaffnet an Eurer Grenze. Sie werden den Weg von Straßburg nach Hünningen nehmen, die dominierenden Höhen des Schwarzwaldes erreichen und in der kürzesten Linie gegen die Donau in das Herz des südlichen Deutschlands gegen Baden, Württemberg, Bayern und Österreich vordringen. Deutsche! Ihr werdet freilich zuletzt den leeren Beutel wieder verteidigen und nach Paris gehen, um Euch zu bedanken, aber zuvor werden wieder Eure Länder und Städte verwüstet, Eure Kinder ermordet, Eure Reichtümer dem Übermut einzelner preisgegeben. Werft den Franzosen nicht vor, daß sie unangemeldet kommen, denn sie sagen es Euch in den Zeitungen und rufen Euch selbst auf, sie schlagfertig zu empfangen . . .
Daß der Rhein die Naturgrenze beider Reiche sei, (ist) unter allen deutschen und französischen Dummheiten die größte. Die wahre Naturgrenze beider Reiche ist folgende: Deutschland wird durch die Gebirgskette, welche vom mittelländischen Meere bis an den Kanal von Calais in einer bogenförmigen Wendung sich erstreckt, geschieden; alle auf diesem Gebirge auf der Westseite entspringenden Flüsse und Bäche fließen nach Frankreich, die auf der Ost- und Nordseite nach Deutschland. Die deutschen Flüsse sind also die Rhone, Saone, die Maas, die Sambre und Schelde, schon im Jahre nach Ludwig des Frommen Tode durch den brüderlichen Teilungsvertrag von Verdun als Deutschlands Grenze und Eigentum bestimmt. Toulon und Marseille waren Deutschlands Häfen. Allein, was hilft das alles, die Franzosen wollen den

Rhein, und wenn die Deutschen die Schlafhauben nicht abziehen, so werden sie den Rhein erhalten.

München, den 12, Oktober 1840

Hallberg

Feldobristhauptmann, Oberbefehlshaber des Landsturms am Rhein und an der Maas im Befreiungskriege

(KüNa, 138, 140 f.)

Deutschland

Es ist traurig, einem Volke anzugehören, das eigentlich kein Vaterland hat – Deutschland! Wo ist Deutschland? (1845) (KüNa, 35)

. . . der Deutsche heißt in Deutschland ein Ausländer, sobald er einige Stunden von seiner Heimat weg ist . . . (AKol, 30)

Es wird dem preußischen Kabinett ewig zum Vorwurf gereichen, beim Pariser Frieden und dem Wiener Kongreß nicht auf der Maas und der Kette (von) Festungen auf dem linken Maasufer als Grenze Preußens bestanden zu haben.

Wir haben jetzt kein Vaterland mehr, da alle Gesetze und sogar die Verwaltung nichts mit Alt-Preußen gemein hat und uns nach Frankreich zieht, indem wir in Preußen ganz fremd sind; fremde Angestellte beherrschen uns, die weder die französische Verwaltung noch ihre Gesetze kennen und uns doch danach beherrschen. (Ko I, 12)

Huldigung an König Friedrich Wilhelm III. (1797-1840)

Aus einem Tagesbefehl vom 18. Oktober zum Gedenken an die Völkerschlacht bei Leipzig.

. . . zugleich laßt uns bei diesem heiligen Feuer den Bund jährlich erneuern, der uns mit dem Könige verbindet, durch dessen Kühnheit und Tapferkeit das Vaterland und wir alle von der schmählichsten Franzosen-Schande befreiet sind, daß wir den besten der Könige so lieben wie

Ihn seine alten Untertanen lieben, die Er uns zu befreien
an den Rhein führte, deren Brüder wir jetzt sind und mit
welchen wir Hand in Hand dem Glücke entgegengehen,
als freie Männer unter dem Schirme Friedrich Wilhelms
und seines gerechten Szepters zu leben und zu sterben.

Siegburg, am 20, September 1815
Der Feldobrist-Hauptmann
gez. Freiherr von Hallberg
(Kb I, 42)

Vaterlandsliebe

Die Völker ergeben sich lieber dem Feind als ein Vater-
land zu schützen, welches sie nicht lieben. Dagegen ist
ihre Brust die stärkste Festung, wenn Vaterlandsliebe ih-
ren Willen lenkt. (KüNa, 47)

Zar Nikolaus I. von Rußland (1825-1855)[39]

Man kann vom Kaiser in Wahrheit sagen, daß, so wie er
der schönste aller Monarchen, er auch der angebetetste
von seinem Volk ist, da man in keinem Reich so viele
große Institutionen zum Wohl der Menschheit sieht.
(RCP I, 264)

In Rußland

In Rußland ist alles Subordination, tiefer, schweigender Ge-
horsam, der nicht reden noch denken darf. (RCP II, 134)

Sibirien

(Hallberg berichtet von den zahlreichen Sträflings-De-
portationen dorthin)

. . . sie hören da auf, Sklaven des Adels zu sein und viele
halten es für ein Glück, nach Sibirien geschickt zu werden
und erdichten sich oft Laster, die sie begangen zu haben
vorgeben, um durch Sibirien vom Joch des Edelmanns
befreit zu werden. (RCP I, 200)

Die russischen Soldaten

Die russischen Soldaten und die ungarischen Grenadiere sind die schönsten Menschen der bekannten Welt; fast alle könnten als Modell zu einem Apollo dienen. (RCP II, 229)

Der Polen-Aufstand (1830/31)[40]

Kein Volk ist von diesem korsischen Glücksritter mehr betrogen worden und gegen den Kaiser von Rußland, der ihr großer Wohltäter war, rebellierten sie. Der Kaiser schenkte ihnen das größte Zutrauen, sie hatten ihre eigene Kriegsmacht und ihre eigenen Gesetze, aber der Adel fürchtete die Verbesserung der Bauern, die Abschaffung der Leibeigenschaft, daher ihre schändliche Undankbarkeit gegen den Kaiser, der alle Menschen beglücken wollte . . . (RCP I, 100 f.)

Zur Zeit der polnischen Rebellion war ganz Polen närrisch. (RCP II, 230)

(In der Zeitschrift »Der reisende Teufel« vom 30. 10. 1831 antwortet Hallberg einem anonymen Briefschreiber, der ihn gefragt hatte, warum er die Polen Rebellen genannt hätte.)

Rußland hatte angefangen, die Sklaverei der polnischen Bauern zu mildern gleichwie in seinem ganzen weiten Reich. Auf einmal ihnen die Freiheit zu geben, würde für sie verderblicher sein wie die Sklaverei selbst . . . Wer Polen und Rußland kennt, versteht, was ich sage. Der Adel von Polen sah von Tag zu Tag seine Lehensrechte schwinden und fürchtete den Verlust seiner Gewalt, das Verschwinden seines Reichtums und vielleicht endlich sogar die Gleichheit vor dem Gesetz. Der Adel wiegelte das Volk auf, versprach Linderung und bessere Behandlung. Der Pole, von Natur tapfer, horchte auf die Lockpfeife und ging in sein Verderben. Ein Zufall entzündete das lange Vorhaben zuerst in Warschau.

Aber die österreichischen und preußischen Teile von Polen blieben ruhig . . . obwohl ihr Zustand nicht so gut war wie im russischen Polen. Wenn ganze Völker ihre Verfassung umwerfen, so haben wir, nach französischer Mode, es Revolution genannt; wenn aber einzelne Städte revoltieren, ein Teil des blinden, betörten Volks ihr (ihnen) zu Hilfe eilt, so nennt der größere, ruhig gebliebene Teil sie Rebellen.

Die Polen konnten die Waffen mit Recht nehmen, ehe sie den Eid der Treue geschworen hatten, so wie auch die Tiroler, nachher nannten wir sie – und mit Recht – Rebellen.

Ob wir wünschen, daß Polen hergestellt, eine Zwischenmauer bilde, gehört nicht hierher, und dann, bei welchen Barbaren ist das Staatsrecht üblich: die Feinde einer Macht zu unterstützen, mit der man im Frieden lebt, und die sogar durch ihren Impuls uns von der Tyrannei Bonaparte's befreite . . .

Rußlands Krieg im Kaukasus

Die deutschen Zeitungen üben sich in ihrem Haß gegen Rußland und dem Lob der Räuber im Kaukasus, während Rußland immer unser treuer Verbündeter war . . . (RCP II, 236)

Die Völker des Kaukasus

Da der Krieg ihre tägliche Beschäftigung ist, so leben sie in ihren Bergschluchten von Raub und Mord wie die wilden Tiere. Sie verachten den Tod, und ihre Tapferkeit hat die höchste Stufe erreicht, deren Menschen fähig sind; aber es ist nicht die Tapferkeit, welche die Römer Tugend nannten; es ist die verstandlose Wut zu Raub und Mord, wogegen Rußland seine schönen Soldaten in einem verstandlos geführten Krieg opfert. (RCP II, 165)

Rußland – Amerika

Ich lese eben in der Allgemeinen Zeitung über die deutsche Kolonisierung von Texas, während Rußland mit einem unkultivierten Flächenraum, worin man ganz Europa ansiedeln könnte, uns vor der Nase liegt. Die deutschen Kolonien in Taurien, der Krim, bei Petersburg, am Kaukasus und die vielen deutschen Kolonien an der Wolga, die ich alle gesehen, zeugen vom höchstmöglichen Volksglück und der unausstehliche Gesetz(es)-zwang, den Amerika Freiheit nennt, ist in den deutschen Kolonien in Rußland eine wahre, das Volk beglückende Freiheit, indem die Deutschen ohne Geld in Amerika Sklaven und in Rußland freie Bürger sind. (RCP II, 237)

Persien – Türkei

Persien und die Türkei sind von ihrer alten Höhe bis zur tiefsten Nullität heruntergefallen und werden von Rußland wie eine Artischocke nach und nach gespeiset, wenn nicht ein großer Mann sie aufrichtet. (RCP II, 141)

Das Militär in Persien

Das Militär in Persien gleicht den Banden Karl Moors in den Räubern von Schiller . . . (RCP II, 132)

Die Perser

Man sagt, die Perser seien sehr höflich und fein; ich habe nichts davon gesehen; sie gleichen in jeder Hinsicht am meisten den gemeinen deutschen Bauern, die auch in ihrer Geradheit von Komplimenten nichts wissen. Liebe, Freundschaft und alle geselligen Tugenden sind den Persern fremd; von Hospitalität haben sie keine Begriffe. (RCP II, 119 f.)

Der türkische Sultan Mahmud II. (1808–1839)⁴¹

Heute ... sah ich den Kaiser nach der Moschee reiten. Ein schönes Pferd, mit Gold und Edelsteinen reich bedeckt, trug den heldenmütigen Mann, welcher die Janitscharen, diese frechen prätorianischen Horden, vertilgte und seinen Völkern die Möglichkeit einer weisen Zivilisation bereitet, worin er aber wenig Fortschritte gemacht, weil ihm die nötige Umgebung und wahrscheinlich auch selbst die Einsichten fehlen. (RCP II, 29)

Das Osmanische Reich

Der grandiose Koloß, welcher wie ein wilder Strom über Griechenland sich verbreitete, Ungarn und die angrenzenden Länder der Donau überströmte und ganz Europa zu verschlingen drohte, liegt jetzt da wie ein entnervter Riese. (O II, 37)

Die Türken

Im Auslande werden die Türken mit den gehässigsten Farben bezeichnet; man verschmäht sie wie die scheußlichsten Barbaren, welche morden und rauben, während ich in keinem Lande größere Sicherheit für Person und Eigentum gefunden habe. Man bezeichnet sie als die gehässigsten Feinde der Christen, welche sie immer mit Christenhund ansprächen – ich habe nur ehrliche, gute, höfliche und gefällige Menschen unter ihnen gefunden, welche sich um die Religion anderer gar nicht kümmern und jedermann eine völlig unbeschränkte Religionsfreiheit ausüben lassen. (O II, 33)

Ägypten

Ägypten, dieses merkwürdige Land, ist das Bild der alten Welt in seinen Monumenten, der neuen in seiner jetzigen Wiedergeburt zur europäischen Zivilisation, wunderbar

seit Jahrtausenden in seinem Leben und seinen Taten, eine Riesengeschichte, die es in Monumenten von Porphyr und Granit für die Ewigkeit hinterließ . . .
Grandios, gigantisch ist alles, was sie uns hinterließen, so nahe bei Europa und so wenig bekannt . . .
. . . aber wir gehen lieber nach Wien, wo es gebackene Hendl, und nach Italien, wo es Opera gibt. (O III, 20)

Alles, was man in Ägypten sieht, schreibt sich her vom König (Mehmed Ali). Vor ihm war ein ödes, großes, leeres Chaos, nichts als Verwüstung; jetzt keimt alles hervor, was Europa Großes und Herrliches hat, Städte, Wege, Kanäle, alle erdenklichen Fabriken, Schlösser, Paläste, Gärten, Wälder, Oliven, Baumwolle, sogar eine Eisenbahn ist im Werden . . .
Die Vorwürfe, welche man ihm macht, sind nur Ausgeburten der Dummheit, des Unverstandes und des Mangels an Lokalkenntnissen. Es läßt sich nicht alles Große machen, ohne daß hier und da das Kleine leidet, und dann können wir nicht alles nach unserem europäischen Maßstab bestimmen. (O II, 75)

Wer jetzt Ägypten bereiset, wird ergriffen von Ehrfurcht gegen diesen unendlich großen Menschen, der nie seinesgleichen hatte. (O II, 78)

Der König Mahomed Ali . . . Er ließ Baumwolle pflanzen . . . Es fehlte an Brenn- und Bauholz; er ließ große Wälder anlegen. Er ließ so viele Olivenbäume anpflanzen, daß Ägypten Überfluß an Öl hat . . . Der König ließ Menschen und Maulbeerbäume aus Syrien kommen und über eine Million Bäume im Tal Wadi-Tumlat pflanzen und mehrere Seidenfabriken anlegen. Er ließ den alten Kanal vom Nil nach Alexandria wieder brauchbar machen . . . (O III, 10)

Der König hob allen Grundbesitz auf und erklärte ihn für Staatseigentum; alle Früchte werden in Magazine geliefert, woraus der Bauer die Bezahlung seiner Arbeit er-

hält. Man müßte diese seltsame Einrichtung genau ken-
nen, um darüber urteilen zu können. In Europa würde sie
zerstörend wirken und unmöglich einzuführen sein, doch
sehen wir in der Walachei die Einwohner einzelner Dör-
fer ihr Land einem Pächter geben und ihm dann als
Knechte dienen. In Ägypten, sagt man, sei das System
des Königs heilsam, nützlich und sogar notwendig.
(O III, 11)

   . . . der größte Mann unserer Zeit . . . (O III, 17)

(In Seubra wurde Hallberg dem König vorgestellt)
Der König, ein schöner alter Mann mit weißem Bart und
sprechenden, lebhaften Augen . . .

   Der König sprach mit vieler Kenntnis über das Militär,
den Krieg, Ackerbau, die Regierung und seine Pläne . . .

   Der König beschwerte sich über die deutschen Zeitun-
gen, welche ohne Kenntnis der Lage ihn beurteilten und
meinten, die Ägypter seien Deutsche. Endlich nach einer
Stunde beurlaubte ich mich bei diesem außerordentlichen
Mann . . . (O III, 47 f.)

Araber

Im Araber schläft der Geist, dessen Feuer vielleicht ein-
stens die Welt mit einer neuen Zivilisation erleuchten
wird, wenn unsere Rebellionen uns zerstört haben wer-
den. (FA, 172)

   . . . der stolze Araber . . . zeigt die Kraft des Natur-
menschen; sie erinnerten mich immer an Hermann und
seine Germanen, als sie das fatale Wort Zivilisation noch
nicht kannten und glücklich in ihren Hainen die alles be-
lebende Sonne begrüßten. (FA, 2)

Das Paradies und die Wilden

(Nicht gerade werbend spricht Hallberg in seinem Aufruf, ihm bei seiner Auswanderung nach Amerika am
1. Mai 1849 Gesellschaft zu leisten[42], mit Abscheu von

den amerikanischen Städten Philadelphia, Boston und New York und fährt dann fort:)

Die Freiheit wohnt nur bei Wilden und in den Steppen (des) Orients, bei den Arabern, Persern, Türken und Beduinen, bei den Kalmücken, Tartaren und Kirgisen, die alle von unserer ekelhaften Zivilisation nichts wissen . . .

Man kocht, schläft, raucht Tabak mit seinem Mädchen, baut seine Hütte an einer Quelle und genießt, begleitet von seinem Harem, das gewaltige Schauspiel der aufgehenden Sonne in der freien Natur, das Ebenbild Gottes verehrend. (KüNa, 148)

Griechenland

Die Griechen, in ewigen Kriegen unter sich, konnten nie eine Nationalgröße erreichen, so wenig wie die Deutschen und Italiener, welche die Farbe aller Länder annehmen und immer unter sich die größten Feinde sind; die Engländer und Franzosen tragen ihre Nationalität in der ganzen Welt (mit sich) . . . (O II, 22)

Auf der Ebene von Chäronea starb die Freiheit Griechenlands und es vermoderte in sich; sein Glanz und seine Weisheit hörte auf, andere Völker zu erleuchten . . . als die rohesten Barbaren es eroberten und zerstörten. Alle schönen Denkmale der alten Zeit liegen in Schutt und Verwüstung, und das Volk selbst ist eine Ruine, woraus die Bayern in einem unbedeutend kleinen Teil ein neues Haus drechseln wollen, wozu sie die Materialien in ungeschickten Baumeistern und in der Advokaten-Jurisprudenz des französischen Revolutionsgesetzbuches gefunden haben wollen, um die Griechen gleich zu Bayern zu machen. (O II, 21)

Ich will das traurige Gemälde von Griechenland schließen, wo ich nur unzufriedene Menschen gefunden habe, mit dem heiligsten Wunsche, daß es dem König Otto gelingen möge, alles Gute und Glorreiche, was er in diesem Lande bezweckt und woran er mit vielen Kenntnissen und gutem Willen rastlos und unermüdet arbeitet, zu erreichen. (O II, 114)

Ungarn

Hier ist das Land der Edelleute, alle übrigen sind nichts. Der Bauer hat in der Konstitution keine Stimme . . .

Daß sich aber die Edelleute mit seinem Wohl beschäftigen, fühlt er täglich, wenn er arbeiten oder bezahlen muß. (O I, 18)

Nur der Edelmann kann Grund und Boden besitzen und ist von allen direkten Steuern, Mauthen, Zehnten und allen Abgaben frei. Der Bauer, welcher allein die Ehre hat zu arbeiten und zu bezahlen, kann auch noch mit fünfzig Stockhieben honoriert werden . . . (O I, 23 f.)

Italien

Lebe wohl, Italien . . . Verkannt von vielen Nationen lehrtest Du mich Dich lieben und schätzen; gefühlvoll, höflich und gut lernte ich Dich kennen und gebe Dir von Herzen meine höchste Achtung und das herrlichste Lebewohl. (It, 248)

Das Volk in Rom (aber auch anderswo)

Das Volk steht überall mit offenem Rachen und schnappt nach Fliegen, und Du, Pöbel, immer unwert der Freiheit, weil sie in Deiner Hand in Frechheit ausartet: Du bist verächtlich, wenn Du unterdrückt, übermütig, wenn Du frei bist; was sagst Du dazu? Welches Bild der Größe und der Erbärmlichkeit in diesen Mauern? Rom, Dein Anfang war Raub, Deine Größe der Fluch aller Völker? Dein Ende die lebendige Erbärmlichkeit. (It, 54)

Kirchenstaat

In Bologna bin ich nun wieder im Reich des heiligen Vaters, dem Österreicher- und Schweizer-Soldaten die Volksliebe festhalten. (O IV, 102)

(in Viterbo) Auf den Plätzen und in den Straßen standen viele Menschen, alle in Lumpen, mit Hunger und Ar-

mut umgeben. Die öde, wüste Gegend sogar gehört den Reichen, worauf sie große Herden Schafe und Ziegen halten; keiner darf sie anbauen, wenn sie auch wollten, weil sie die Weiden für die Schafe schmälern würden . . . Hier ist das Land des Vaters der Christenheit? Welcher Kontrast mit der sanften, guten Lehre Christi! (It, 44)

England

In keinem Lande gibt es glücklichere Ehen und tugendhaftere Mädchen, und die Häuslichkeit findet sich hier noch so patriarchalisch, wie wir in Romanen die Sitten unserer Altväter lesen. Aber an England klebt ein anderes Übel: der zu große Reichtum auf einer Seite und die schreckliche Armut auf der anderen. (E, 11)

Die Höflichkeit der Engländer, womit sie die Fragen der Fremden auf den Straßen beantworten, hat in keinem Lande ihresgleichen . . . Aber alle sind kalt, keine Fröhlichkeit, kein Lachen, nur Handel, Geld ist alles, woran sie denken. (E, 9)

Engländer und Deutsche

Der Engländer behält seine Nationalität in jedem Lande bei. Nur der Deutsche ist der Affe aller Nationen. (E, 33)

Der Engländer beträgt sich immer, als wenn er allein in der Welt wäre; bei zufälligen Berührungen, Stößen, Fußtritten und dergleichen macht er nie eine Entschuldigung, im Gegenteil lacht er über die Höflichkeitsbezeugungen Fremder. (E, 61)

Schweden

Schweden ist ein schönes Land für den Mann der Natur; hier sieht man Schweizer Landschaften mit ihren Alpen; das Volk ist stark und kraftvoll, treu und bieder, die Gesichtsbildung und Haare sind hier ganz gleich denen der Rheinländer; . . . (SK, 96)

König Gustav IV. von Schweden (1792-1809)[43]

*. . . der nachher unter dem Namen Gustavson umherrei-
ste. Als ich diesen König zuletzt in Brüssel sah und ihm
meine Ehrfurcht für seine Person und sein Unglück bezeugte, sagte er mir:* »*Ich bin nicht mehr König, ich bin
ein Bürger wie Sie, setzen Sie sich.*« *Diesen König ließen
die Deutschen zu ihrer ewigen Schande fallen, als sie sich
für einen französischen totschlagen ließen. Er war der
einzige, der gegen die Frechheit Bonapartes einen königlichen Mut bewies.* (E, 48)

Belgien[44]

(Hallberg beklagt die Hollandisierung Belgiens)
*So wurde bei dieser, den Holländern ganz heterogenen
Nation die ganze Regierung holländisch und man hatte
vergessen, daß Amerika verlorenging, weil die Regierung
englisch statt amerikanisch war.*

Brabant

Ein Amerikaner, welcher Deutschland bereiste, habe
ihm erzählt,
*. . . es sei eine Schande, Brabant den Franzosen überlas-
sen zu haben; die Wiege des deutschen Kaisers Karl V.,
das schöne Brabant, die schönste deutsche Provinz, wo
noch überall flamländisch, die alte deutsche Mundart, gesprochen würde.* (KüNa, 23)

Amerika (Auswanderung nach)

*Hunderttausende wandern nach Amerika und man er-
laubt einzelnen Betrügern, diese dummen Menschen zu
berauben, die dann meist als Bettler ankommen, indem
die Amerikaner ihnen den Rest ihres Vermögens abluch-
sen, wodurch dann viele unter dem Namen Freiheit Sklaven werden, andere verhungern.* (KüNa, 74)

Nationen-Anführer

Die Menschen sind alle Nullen; es kommt nur auf den Zähler an, der vorsteht. Nur der ist groß, der Kleine um sich hat. Nationen sind nichts; sie erhalten ihre Größe vom Anführer. Wo eine große Idee jede Brust erfüllt und Leben und Tod gleichsetzt, da ist der Sieg, nicht da, wo das Kriegshandwerk am besten eingelernt ist. Der Wille macht den Soldaten. (RCP I, 14)

Revolutionen

Ebenso (wie die großen Städte) *fallen die Staaten, wenn die Abgaben zu hoch, in keinem Verhältnisse mehr sind und der Luxus den Armen alles nimmt, bis sie endlich müde, wie der Esel den Sack abwerfen. Dann sagen die Regierungen und die Reichen: daran sind die Studenten schuld, die Bücher, die Schriften, die Demagogen, und doch trägt von Babylon oder Paris niemand die Schuld als die Regierung.* (FA, 114)

Es geht (in Frankreich) *wie in Deutschland; die Menschen können nichts mehr anfangen, ohne daß die Regierung sich dareinmischt. Vor hundert Jahren wußte man nichts von diesem tausendfachen Zwang. Als man das viele Regieren anfing, kamen die Revolutionen und sie werden nicht aufhören, wenn die Regierungen nicht weiser werden, denn alle Revolutionen sind gegen die Regierungen, aber nie gegen die wahre Weisheit des Lebens gerichtet.* (FA, 153 f.)

Demokratie

Die Aristokraten werden zuletzt immer den Sieg erhalten, da keine Volksregierung möglich ist, es sei denn, man wolle behaupten, daß Napoleon ein Demokrat gewesen wäre. (FA, 143)

Nationalrepräsentation

(Wenn wir ein Vaterland hätten, für das ein jeder sich
aufzuopfern bereit wäre)

. . . *dann, meine ich, wäre die Anordnung gut, wenn
nach einem richtigen System die Stadt und das Land je-
desmal bei wichtigen Notwendigkeiten seine Repräsentanten wählte; sie ohne allen Einfluß der Lokalregierung
wählte, und wo jeder eine Stimme hat, wird auch der
Beste und ohne Unterschied des Ranges gewählt; denn an
dem Vaterland hat der Arme soviel Recht wie der Reiche
und eigentlich noch mehr, denn in Zeiten der Gefahr läßt
er sich totschlagen und hat für sich selbst nichts zu be-
schützen. Wenn diese Repräsentanten nun dem Könige
die Bedürfnisse des Landes vortragen, so meine ich,
könne dieses in wenigen Tagen abgetan sein, ohne Monate lang mit klugen und dummen Reden dem Lande
fruchtlos Unkosten zu machen. Aber eine ewige Natio-
nalversammlung, die Diäten zieht und bald wie die Regierungen sprechen und schreiben werden* (wird), *halte ich
für blanken Unsinn.* (Kb I, 71 f.)

Gute alte Zeit

*In den Zeiten der Ritterschaft waren alle Männer tapfer,
alle Weiber keusch. Der Seigneur oder Hofmarksherr,
war ein stattlicher Ritter, der, umgeben von seinen Untertanen, wie ein Vater unter seinen Kindern lebte. Sie arbei-
teten für ihn, aber er mußte für sie sorgen; Holz und
Früchte erhielten sie von ihrem Herrn reichlich; denn ihm
war daran gelegen, sie gesund und stark zu erhalten. Der
Luxus war ihnen fremd, und seinen Überfluß spendete er
reichlich unter seine Bauern, weil sie sein Stolz wie seine
Sorge waren. Daher die alte Anhänglichkeit der Land-
leute an so viele Familien, von denen die Wohltaten sich
im Gedächtnis forterbten.* (AKol, 21)

Strenge der Gesetze

Die Strenge der Gesetze ist ein sicheres Zeichen, daß der Staat an einer Krankheit leidet oder zeigt wenigstens eine erbärmliche Verfassung. (It, 141)

Die preußischen Rheinprovinzen

Die Rheinprovinzen können . . . sagen, daß sie eine Zivil- und Militär-Einquartierung haben, die diese Länder auf die Dauer zugrunde richtet. (Kb II, 93)
(Weil die Rheinländer hohe Abgaben leisten müssen, die nicht für ihre Zwecke verwendet werden.)

Welche Vorteile hat das Land, Preußen anzugehören? Sind wir denn Deutsche, solange wir unter französischen Gesetzen leben? Was haben wir durch die ganze Veränderung gewonnen? Nichts, und für dieses Nichts, für die Beibehaltung aller französischen Nachteile, soll sich das Volk schlagen? Das glaube ich einmal nicht. Es ist daher sehr unpolitisch, das hiesige Volk zu bewaffnen oder man mache sie zu Deutschen und Preußen; man entferne die Fremden, die Anhänger der Franzosen, man gebe ihnen Landes-Eingeborene, kurz, man gebe uns alle Vorteile, welche auch das Mutterland hat. (Kb II, 127)

Das Schrecklichste, was je den Rheinlanden hätte begegnen können, ist, daß die besten Bürger bedauern, dem Feinde nicht gedient zu haben, weil es der einzige Weg zur Versorgung ist. Zwanzig harte Jahre hatten die Edelsten auf die Befreiung des Vaterlandes gehofft, kraftvoll dazu beigetragen, um jetzt verstoßen zu werden, indem die Diener des Feindes glänzen. (Kb II, 150)

GEGEN KRIEG, FÜR ABRÜSTUNG

Die Narrheit der Völker oder der Krieg (Auszug)

Unter allen Tieren ist der Mensch das einzige, welches sich in Herden versammelt, um sein Ebenbild zu morden; er wird dazu in große Haufen eingeteilt und rechnet sich zur Ehre, wenn er recht viele Menschen totgeschlagen hat. Er errichtet Trophäen und Bilder denjenigen Anführern seiner Gattung, welche durch ihre Anführung Millionen ermordet haben. So sind Attila, Alarich, Dschingis Khan und Tamerlan die größten Helden der Welt, und Bonaparte heißt bei ihnen groß, weil er mehr als eine Million Franzosen hat abschlachten lassen. (KüNa, 159)

Aus einer Rezension der Schrift Hallbergs »Der Soldat«, Augsburg 1829, im NatKorr 8/9 vom 27. beziehungsweise 30. 10. 1830[45]

Der Rezensent stimmt Hallberg in der Meinung zu, daß die seit Ludwig XIV. (1678) eingeführten und mit der Zeit stetig verstärkten stehenden Heere unsere ungeheuren Nationalschulden herbeiführten. Zur Erhaltung der Nationen gebildet, so Hallberg, trügen sie den Keim ihrer Zerstörung in sich. Er hält im Grunde stehende Heere für überflüssig und sogar schädlich. Da er aber einsieht, daß sie einseitig nicht gut abgeschafft werden können und unsere Regierungen sie nun einmal noch für notwendig halten . . ., so will Hallberg Hinweise und Vorschläge geben, den Zustand der Soldaten zu verbessern.

Neben unsinnigen Vorschlägen findet der Rezensent in der Schrift Hallbergs auch vernünftige Anregungen. Die positiv beurteilten Tips betreffen mehr oder weniger untergeordnete Fragen des Militärwesens. Negativ beurteilt er die völlig überzogenen Sold-Forderungen Hallbergs für die Offiziere (Leutnant 600, Hauptmann

1200, Major 2400 und Oberst 3600 Gulden im Jahr!), vor allem aber den seltsamen Vorschlag hinsichtlich der Strafen für Disziplin-Vergehen. Während der einfache Soldat mit einer hölzernen Flinte auf dem Kasernenhofe je nach Schwere seiner Verfehlung stunden- oder tagelang zum Spott seiner Kameraden herumlaufen soll (eine Art Prangerstrafe), sollen Offiziere, für die Festungshaft vorgesehen ist, statt dessen auf die Universität geschickt werden, damit sie dort etwas lernen. Fürwahr, eine absurde Idee. Nicht viel anders wird Hallbergs Vorschlag, alle öffentlichen Ämter sollten nur an den Soldatenstand, das heißt wohl an ehemalige Berufssoldaten, vergeben werden, beurteilt.

So ist die kleine Schrift nach der Wiedergabe in der erwähnten Besprechung geradezu typisch für die Ergüsse Hallbergs. Neben vernünftigen, gelegentlich von Weitblick zeugenden Gedanken immer wieder abstruse Einfälle.

II. RELIGION – KIRCHE

Gott und Vaterland

Gott und Vaterland ist der letzte Hauch meines Lebens. (FA, 98)

Bibel

In den Gasthöfen in Schottland (auch in England) fand er überall »*den langweiligen Roman, genannt Bibel*«. (E, 74)

Am Heiligen Grab in Jerusalem

Lateiner, Griechen und Armenier, in diese Namen sind die Christen geteilt, welche das Heilige Grab bewachen.

Jede Sekte will in ihrer Meinung recht haben, welches sie durch Haß, Verfolgung und Prügelei beurkunden. Ein Greuel sind ihnen die Juden und doch können sie nicht leugnen, daß Christus mit Mutter und Vater Joseph Juden waren und daß die Juden das einzige Volk sind, welches sich rühmen kann, daß ihr Anführer Moses auf dem Berge Sinai mit Gott gesprochen habe. Kann die menschliche Dummheit weiter gehen!? (KüNa, 124)

Religiöse Toleranz

. . . überhaupt bekümmern sich die Mohammedaner um die verschiedenen Religions-Schwindeleien nicht. (O III, 58)

Herrenhuter Brüdergemeinde

(In Kristiansfeld, Dänemark) *Da der Glaube der Herrenhuter die reine Lehre Christi ist, gesäubert von allem lächerlichen Streit und Zank, als Protestieren, Reformieren, Alleinseligmachen, Vorzug vor anderen wegen Glaubensmeinungen und dergleichen, so haben sie den für Menschen alleinseligmachenden Namen Brüder, Brüdergemeinde, Brüderhaus. So leben sie in Frieden, bekehren nicht und wollen nicht bekehrt sein.* (Sk, 27)

Religion passé

Unsere Religion hat aufgehört, und die Ehre, wovon wir soviel sprechen, geht nach Geld. Hon heißt auf hebräisch Gold, or auf französisch; davon kommt honor – Ehre. (FA, 82)

Abbildungen Gottes

(Die Moslems) *Sie nennen uns wegen der Bilder in unseren Kirchen Abgötter, weil sie – unwissender wie wir – noch nicht haben ausfinden können, wie Gott eigentlich aussieht, welches wir, wie bekannt, lange wissen.* (FA, 16)

(Die Moslems) *Sie erlauben sich nicht, Gott in Gemäl-*
den oder Bildhauerarbeiten vorzustellen, weil sie nicht
wissen, wie er aussieht, und zu klug sind, ihn für einen
Menschen, wie wir sind, zu halten. (FA, 89)

Islam und Christentum

In ihren Lehren sind sie nahe verwandt und durch Unwis-
senheit beider Teile bis zur größten Verfolgung geschie-
den. Sie werden sich bestimmt einmal vereinigen, wenn es
einem Weisen gelingen wird, diese innige Verwandtschaft
den Ungelehrten begreiflich zu machen. (Fa, 152)

Luther[46]

Die Meinungen über die Anbetung des höchsten Wesens
werden bei den Menschen immer verschieden sein. Wer
unter den barbarischen Nationen wird es glauben, daß im
zivilisierten Europa ein fetter Mönch sein Kloster verläßt,
um eine Nonne zu heiraten, Verfolgung und Zwietracht
predigt, in der Millionen sich ermorden und daß Millionen
seiner Meinung folgen und ihm Tempel und Altäre bauen?
So glaubt ein jeder das Beste zu haben. (RCP II, 22)

Avignon – Päpste

Im Jahre 1305 errichteten die Päpste in Avignon ihr heili-
ges Hoflager, womit Clemens der Fünfte anfing, bis zum
päpstlichen Reich des elften Gregorius, der wieder nach
Rom zurückzog auf den Felsen, welchen der heilige Pe-
trus dahin gesetzt, damit die Päpste sich darauf stützen
und ausruhen. 1348 verkaufte Anna von Neapel, Gräfin
von Provence, dem sechsten Clemens diese Stadt um
80.000 Gulden, welche nach dem bekannten geistlichen
Codex nie bezahlt wurden; hier starb der siebente Cle-
mens im Jahr 1534. (FA, 37)

Bischöfe

(In Winchester, England) *Es gibt einen Bischof und ein Kapitel hier, welche sehr große Einkünfte beziehen, um müßig zu gehen, während eine zahlreiche Menschenmasse bettelt.* (E, 19)

(In Schottland findet er die Menschen verbreitet in großer Armut lebend)
. . . doch soll das alles nichts gegen Irland sein, wo vor kurzem viertausend Arme durch Dublin zogen, um ihr Elend dem Reichtum zu zeigen und Mitleid zu erwecken. Der Anblick, sagte mir ein fetter Erzbischof von 20.000 Pfund Einkünften, sei abscheulich gewesen. Er habe sich weggewandt, um die Leute nicht zu sehen, während seine Einkünfte eines Jahres hinreichend gewesen wären, sie alle bei mäßiger Arbeit zeitlebens zu beglücken. (E, 71)

Priester

Die Geistlichen gehen hier (in Siena) *umher mit schönen seidenen Kleidern und Mänteln, die weder Christus noch die Apostel getragen haben.* (It, 89)

Die katholischen Geistlichen gehen hier (in Preßburg) *zum Nachteil der Religion wie die wahren Windbeutel umher; in Seide und den feinsten Tüchern, nach der Mode zugestutzt, sieht man sie überall auf den Spaziergängen, wo die schönen Mädchen Lust und Freude atmen. Die Religion fällt durch ihre Priester wie der Staat durch seine schlechten Beamten.* (O I, 16)

(In Italien) *Die Priester leben im größten Luxus, und ihre Kleidung nach orientalischem Schnitt wäre hinreichend, eine Menge Bettler zu kleiden, die in die scheußlichsten Lumpen gehüllt umherliegen, aber nie sah ich, daß einer bei einem Priester bettelte oder daß ein Priester etwas gegeben hätte.* (KüNa, 97)

Die Priester leben, wie bei allen Religionen, von den

Lastern der Gläubigen und man sieht bei allen Sekten, daß sie in der Liebe zum Geld denselben Glauben haben. (RCP II, 139)

So sind die Pfaffen immer das Werkzeug der Weltunordnung, wie auch jetzt am Rhein in dem Streite zwischen den christlichen Konfessionen. Wann wird wohl die Welt so klug werden, daß jeder sich um sein Seelenheil selbst bekümmern darf? (O II, 96)

Mönche in Rom

Einem wahren Christen tut es wehe, so viele ehrwürdige Mönche und Brüder durch die Straßen mit Säcken und Eseln treiben zu sehen, um die sparsamen Gaben aufzuladen, welche die Frömmigkeit ihnen gibt, um ihr tätiges Leben zu fristen. Sie betteln gewöhnlich für die armen Seelen im Fegfeuer; als ich einem sagte, die Seelen würden auf Rechnung des Himmels gespeist, erwiderte er, es sei, um Holz zu kaufen, damit sie recht brennen. (It, 50)

Glaubensunfug

Es war eine große Dummheit der protestantischen Geistlichen daß sie das Fegfeuer abschafften, welches bekanntlich eines der einträglichsten Güter der katholischen Priester ist. (E, 38 f.)

Es waren unter dem Portikus viele tausend Bilder der heiligen Mutter Gottes, Rosenkränze, Agnus Dei, Skapuliere und dergleichen fromme Sachen zu verkaufen, in denen, wie bekannt, die wahre Religion besteht. (It, 19)

In Trier besah ich die oft beschriebenen Altertümer und mußte vieles von den Wundern des heiligen Rockes hören; daß das kleinste Insekt ein größeres Wunder ist, will dem Menschen nicht einleuchten. (KüNa, 3)

Im Mittelalter, als der Glaubensschwindel die Europäer ergriff, zogen Hunderttausende nach dem Orient, um das Heilige Grab zu erobern. (KüNa, 110)

Jesuitenorden

... die bürgerliche Gesellschaft verdankt diesem Orden viel, die Wissenschaft alles; sie sind als ein Opfer der Finsternis, welche wir Aufklärung nennen, gefallen. (Ikr, 112)

Religion

... die Religion, sie mag sein, welche sie will, ist die Basis jeder bürgerlichen Gesellschaft und der Gesetze, welche immer aus der Religion eines jeden Volks hervorgehen. Fängt sie an zu schwinden, so zerfällt der Staat. (AKol, 11)

III. ZU KUNST – KULTUR – ZIVILISATION

Sein Kunstverständnis

In Brüssel besah ich die Kunstausstellung des Pinsels. Obwohl mir Acker und Pflug lieber sind wie alle Kunst, weil man sie nicht essen kann, so will ich doch sagen, was ich sah ... doch ohne Urteil über die Kunst, weil ich sie nicht verstehe. (FA, 17)

Man sieht in München viele Kunstschätze, welche als Monumente der Römer und Griechen da aufgestellt sind, wovon ich aber nichts verstehe, da ich nur ein Ackermann bin ... (O I, 5)

... ich bin ein Freund der alten herrlichen Kunst, die meine Gefühle in den poetischen Himmel des schönen Lebens versetzt; wie können mir also die Karikaturen unserer Zeit gefallen? (KüNa, 88)

Kunst und Armut

. . . es gibt Menschen, welche für das gut gepinselte Bild eines Armen, der vor Hunger stirbt, hundert Pfund geben und sich doch geweigert haben würden, ihm nur einen Groschen zu geben, um sein Leben zu fristen. (E, 28)

In Schleißheim sah ich eine Welt der schönsten Gemälde, wofür man alle Möser und sogar die pontinischen Sümpfe austrocknen könnte. (Ikr, 73)

Der steinerne Mensch hat die schönsten Wohnungen, die Millionen kosten; der lebendige liegt in Hütten wie das Vieh und gewiß schlimmer wie manche Pferde und Esel. Wieviel Tausende, deren Kinder hungern, nichts von Religion, kein Lesen und Schreiben, kein Handwerk noch Kunst erlernen können, weil sie wie verlassene Wilde durch die bürgerliche Gesellschaft gehen, könnten für diesen Überfluß glücklich sein; allein barbarus ego sum, quia non intelligor illis. (It, 51)

Kunstwerke

Die Pyramiden
Nutzlose Steinhaufen. Auch ich durchkroch das Innere der Pyramide und staunte, wie so viele vor mir, über die gigantische, monströse Größe . . . Man muß es selbst sehen, um sich von der größten Narrheit der Menschen zu überzeugen. (O III, 42)

Akropolis von Athen
In meinen Augen ist die ganze Akropolis mit ihren zerstückten Bildern und Säulen nichts wie ein altes Weib, wogegen mir ein junges schönes Mädchen und ein neues Haus, worin eine glückliche Familie lebt, mehr Vergnügen macht . . . (O II, 109)

Peterskirche, Rom
Die weltberühmte Peterskirche hat mir nie gefallen; die
Front gleicht einem großen Haus und man kann nichts als
die Kuppel, den Reichtum und die Stärke der Steinmas-
sen bewundern. (O IV, 80 f.)

Markuskirche, Venedig
Das größte hinterlassene Monument des venezianischen
Freistaates ist die Markuskirche mit dem Palast der Do-
gen; das Größte, was je die Welt in architektonischer
Kunst gesehen. (KüNa, 89)

Sonnentempel, Baalbek
. . . das Höchste und Schönste der Baukunst, was sich
denken läßt. (KüNa, 120)

Palmyra oder Tadmor
. . . alle Monumente Roms sind nichts gegen diese Rui-
nen, worin die höchste Kunst uns überzeugt, daß alles,
was wir in Kunst und menschlicher Größe anstaunen,
nichts ist gegen den großen Geist, der diese Tempel und
Säulen erdachte und ausführte . . . (KüNa, 122)

Winterpalais des Zaren, Petersburg
Das einzige Gebäude in Petersburg, welches durch seine
architektonische Schönheit den Geist und die Sinne fes-
selt.
   (Von der inneren Einrichtung gefiel ihm bezeichnen-
derweise am besten) *der Saal, worin die Porträts aller*
russischen Generäle der Nachwelt aufbewahrt werden.
(RCP I, 158)

Theater

(Theater in Hermannstadt) *. . . ich gehe einige Male hin,*
wenn mir die Laune fehlt, müßig zu gehen, aber ich wun-
dere mich immer, wie so viele Menschen dem Unsinn der
Komödie zusehen und zuhören können . . . (O I, 45)

Oper

Wenn man bdenkt, daß für die große Oper aus dem Cid,
die gestern in München gespielt wurde, hier dreißig Fami-
lien Glück und Wohlstand hätten finden können (im Erdinger Moos), *die München in einem Abend verpraßte;*
ach! Wie wird einem da ums Herz! (Ikr, 60 f.)

Musik

Die Musik zeigt den inneren Charakter der Völker und
die Instrumente und ihre Töne sind für den Forscher der
Menschheit vom höchsten Wert. (RCP, 19)

Der russische Volksgesang ist sehr melodisch und an-
genehm; der persische so abscheulich, daß mir die Töne
der Esel viel lieber sind. (RCP II, 114)

Die persische Musik ist abscheulich und Perser, welche in
Europa gewesen waren, sagten mir dasselbe von unserer
Musik; sie sei ohne alle angenehme, das Herz erfreuende,
harmonische Töne, und in der Oper, die sie in Wien,
London und Paris gesehen, seien nur die Ballette zum
Ansehen, die Musik aber abscheulich, wobei die Weiber
mit ihrem Gesang ein wahres Katzengeschrei machten,
welches man sich zwingen müsse, anzuhören. So sehr
hängen die Menschen an Gewohnheiten, daß alle Sinne
durch Vorurteil gefesselt sind, wonach wir unser Urteil
aussprechen. So lachen wir über die Perser und sie über
uns. Wer hat Recht? (RCP II, 149)

Dichter

(In Padua auf dem Platz Prato della Valle) *Wir fanden*
hier den sanften Petrarca, dessen Gedichte so manchem
jungen Mädchen und Jüngling Tränen kosten! (It, 23)

(In Arqua besuchte er Wohnung und Grab Petrarcas)
Eine Bauernfamilie bewohnt dieses Heiligtum . . .

IV. TECHNIK – WISSENSCHAFT – WIRTSCHAFT – GESELLSCHAFT

Technik

Eisenbahn Nürnberg - Fürth

Die Eisenbahn bei Nürnberg fährt fort, die größten Geschäfte zu machen . . . Die Reisenden freuen sich, für wenig Geld den Weg zu machen, den sie sonst mühsam zu Fuß oder für viel Geld mit einem über den schlechten Weg im Schritt fahrenden Mietwagen bei Verlust mehrerer Stunden jetzt in wenigen Minuten zurücklegen, indem man Fürth wie eine Vorstadt von Nürnberg betrachtet und Tausende nach den an der Eisenbahn liegenden Belustigungsorten fahren, die sonst zuhause bleiben müßten.

Der Unsinn schreit freilich gegen das Neue; die Wirte fürchten ihren schlechten Mandelkaffee selbst trinken zu müssen, die Posthalter über den Stillstand ihrer schlechten Pferde und die Wegbaumeister über den Verlust der Diäten und der Lustreisen, die sie im Sommer machten, wo alle Wege gut sind. Hoffen wir also, daß der nach allem Guten und Großen strebende Geist in Privatgesellschaften sich vereinige, um überall Wege von Eisen zu machen, wodurch der Handel im allgemeinen alle Menschen beglücke, die schlechten, abscheulichen Wege aufhören und der Staat die zwölfmal hunderttausend Gulden behalte, die jetzt meistens an Baumeister und Aufseher ausgegeben werden, indem für den Aufwand von nur zweihunderttausend Gulden die Wege in Bayern besser sein könnten. (BVfr vom 5. 5. 1836)

Dampfschiffahrt

Die Erfindung und Einrichtung der Dampfschiffahrt ist so groß, daß die Welt wie unser Garten am Hause liegt . . . (O I, 16)

Dampfmaschinen
(In Birmingham) *Die vielen Dampfmaschinen verbreiten in den Straßen einen starken Rauch, welchen der Fremde Mühe hat, zu ertragen.* (E, 46)

Dampfschiff
Das Dampfschiff, die Königin von England, . . . hat die Reise von New York nach Bristol in zwölf Tagen gemacht. (E, 40)

Dampfwagen
(In der Gegend von Cambridge) *Ich fuhr heute mehrere Meilen weit in einem Dampfwagen ohne Eisenbahn auf gewöhnlicher Straße und es scheint mir, daß eine Vollkommenheit dabei erreicht ist, wodurch alle Eisenbahnen überflüssig werden.* (E, 98)

Reichtum der Nationen

. . . der größte Nachteil, der aus dem französischen Leichtsinn fließt, ist die gänzliche Vernachlässigung des Ackerbaues in Afrika, da das System der scharfsinnigsten Beobachter der Staatswirtschaft die Produkte des Bodens als die einzige Quelle des Reichtums ansieht . . . (FA, 170)

Lappland bei München

In der Beförderung der Kultur besteht die ganze Weisheit einer guten Regierung . . . Nur von dieser Seite (nach Freising zu) *ist die Hauptstadt mit zwanzigtausend Tagwerk öder Moosgründe umgeben; weiter wie bis Ismaning geht kein Mensch, weil da Lappland anfängt.*

Kultiviert das Land, gebt dem Armen Eigentum und der Ehrgeizige aus höherer Klasse wird ihn vergebens zu Revolten rufen . . . (BVfr, April 1831)

Tabakanbau

Zur Verbesserung des Tabaks in Bayern und zur An-
pflanzung auf die Möser, wo er hauptsächlich guttut,
habe ich im vorigen Jahre Samen direkt aus Virginien er-
halten. Da ich in diesem Jahre vielen gezogen, so ersuche
ich die Freunde der Kultur, sich an mich zu wenden, um
unentgeltlich Samen zu erhalten. Die Behandlung ist
ganz einfach; man säet und pflanzet ihn wie Salat, bricht
vor dem Frost die Blätter ab, wirft sie auseinander wie
Gras zum Heumachen, recht sie zusammen wenn sie
trocken sind, bricht die Stengel aus und schneidet ihn
ohne alle Beize zum Rauchen. Da er vorzüglich gut ist, so
lade ich alle Tabaksfreunde auf eine Pfeife Tabak höf-
lichst bei mir ein. – Der Eremit von Gauting, jetzt zu Bir-
keneck. – Fußnote: Bemerken muß ich noch, daß die
Blätter gegen Krebs das einzige Mittel sind. (BVfr, Nr.
74, 1835)

Donau-Main-Kanal

Das größte Unternehmen, welches je von einem deut-
schen Fürsten zum Wohle seiner Untertanen und zur
Größe des ganzen deutschen Volks gedacht worden, ist
der Kanal, welcher die Donau mit dem Rhein verbinden
soll. (RDKa, 3)

Ich halte einmal diesen Kanal nur dann für nützlich und
wünschenswert, wenn alle Nationen ohne Afrika zu um-
segeln im freien Besitze des indischen Handels sind, wel-
chen die Russen, Perser und Türken nicht stören werden,
so lange Geld die höchste Vernunft des Lebens ist. Aber
ich fürchte, es vergehen noch tausend Jahre, ehe das
große Beginnen unseres Königs ins Leben tritt.
(RDKa, 19)[47]

(Als »Agent der europäischen Gesellschaft zur Unter-
suchung des alten Handelsweges nach Indien« veröffentlicht er im Bayerischen Volksfreund Nr. 148 vom

2. 9. 1830 einen Aufruf. Er bittet um finanzielle und literarische Beiträge und stiftet selbst 1000 Gulden zur Finanzierung einer Untersuchungsreise.

Wissenschaften, Gelehrte

Auf der hohen Schule (in Dorpat) *sah ich den Behälter des menschlichen Unsinns, genannt Bibliothek, wozu mehrere Jahrhunderte erforderlich sind, um ihn ganz auszulesen; einer bestiehlt in diesen Büchern den anderen; alle widersprechen sich und nur der Kalif Omar hatte Recht, der den ganzen Wust in Alexandrien verbrennen ließ.* (RCP I, 116)

Wie kann die Geschichte der verflossenen Jahrhunderte Glauben verdienen, da das, was unter unseren Augen geschah, auf tausendfache Weise im ewigen Widerspruch erzählt wird und doch haben alle diese träumenden Rabulisten die Unverschämtheit, sich Gelehrte zu nennen, wovon die Welt so voll ist, daß man bald Mühe haben wird, einen dummen Menschen zu finden. (RCP I, 291)

(Alexander von Humboldt kam nur bis Omsk)
Die Frankfurter Zeitung Nr. 66 sagt, daß Herr Alexander von Humboldt sein großes Werk – Sur la haute Asie – beendigt habe. Herr von Humboldt war nur bis Omsk, 3611 Werste von Petersburg; heißt das à travers de la Sibirie, wie die Zeitung sich ausdrückt? Der äußerste Punkt von Sibirien ist Peter- und Paulshaven, 13.127 Werste, wo man gewesen sein muß, um à travers de la Sibirie zu sagen . . . Herr von Humboldt war vom Engländer Stronak, der lange in Sibirien angestellt war, begleitet, dessen Mitteilungen Herr von Humboldt uns also wohl in seinem Werke zu verkosten geben wird. (RCP II, 36)

Staatswirtschaft

Das große Augenmerk der Staatswirtschaft muß also dahin zielen, ein gewisses Gleichgewicht beizubehalten, und nie zuzugeben, daß der arme Teil in der Zahl dem

*wohlhabenden oder reichen überlegen werde; denn wir
haben in Frankreich gesehen, daß beide sich endlich
feindlich gegenüberstellten, wo denn der Reiche ewig den
Kürzern ziehen muß.* (AKol, 19)

Gesellschaft

Das Wort Lord kommt aus den Zeiten (vor) 827, *als die
Dänen in England landeten, um zu plündern. Die Engländer nannten dann einen sich reich gestohlenen, müßigen Dänen Lurdane oder Lorddane; wie man noch häufig im Norden einen müßigen Menschen Lord nennt, und
dieser schimpfliche Spottname wurde endlich der Ehren-
titel für eben solche müßige Menschen.* (E, 43)

*Bei der zwanzigsten Wegsäule arbeitete ein junger
Mensch mit einem Mädchen im Weingarten des Herrn.
Ich sagte im Vorbeigehn:* »Gott helf Euch!« *Er achtete
nicht darauf und machte recht fleißig fort; er pflanzte einen Menschen. Da seine Arbeit bald verrichtet war, so
holte er mich ein und sprach sehr natürlich über seine Arbeit. Wir dürfen nicht heiraten, sollen wir deswegen nicht
leben? Wenn man bedenket, sagte er, daß Frankreich und
der Rheinländer* (Rheinlande) *ihre Bevölkerung Kraft
und Wohlstand der Freiheit, sich zu verheiraten, verdanken, so fragt es sich wohl . . ., warum dieses in Baiern so
sehr eingeschränkt ist.* (Ikr, 22 f.)

*Ich reiste einst durch eine Provinz. Da begegnete ich
vielen Leuten mit Weibervolk und Kindern um sich her.
Wo reiset Ihr hin? – Wir suchen Arbeit. – Warum arbeitet
Ihr nicht zuhause? – Wir haben kein Haus. – Wem gehört
diese Frau? – Sie ist keine Frau, es ist mein Mädchen. –
Wem gehört denn das Kind, das sie trägt? – Mir. – Warum
heiratest Du sie denn nicht? – Ich darf nicht, weil ich
nichts habe und der Staat die Vermehrung des Bettelvolks
nicht haben will. – Du hast Dich aber doch vermehrt. –
Ja, das geschieht im ganzen Lande; nur gesetzlich nach*

der Kirche ist es verboten; auf schlechtem Wege aber kann jeder treiben, was er will. (RAM.AKol, 14 f.)

Für Bälle, Komödien, Pferde, Lustbarkeiten, Tafeln, Kunstakademien, Moden, Luxus und Überfluß in allem haben wir Geld genug . . . Nur, um einen Armen im eigenen Heimatlande menschlich zu ernähren, haben wir keines.

Gegeben wird freilich, vielleicht auch viel gegeben; aber mehr, um die Armut zu erhalten, als sie auszurotten. (RAM. AKol, 3 f.)

V. HALLBERG UND DAS WEIBLICHE GESCHLECHT

Immer war ich ein Liebhaber von schönen Pferden, Wein und Mädchen. (It, 131)

. . . die Liebe und das Pferd ist doch das Höchste, was Gott dem Menschen zur Freude gegeben hat. (E, 38)

Die achthundert Mädchen, welche mich ungesehen heiraten wollten, wissen alle nichts von Liebe, ich aber glaubte in meiner Jugend, daß Liebe, die Harfentöne der Seele, sich nur mit dem nächtlichen Gesang der Nachtigall versinnlichen ließe. O Aufklärung! Wozu hast Du die edelsten Gefühle gebracht! Geld, und nur Geld, und nichts wie Geld, und doch ist nur Liebe der Himmel auf Erden, der Mai des Lebens, welcher die Seligen im Duft der Rosen wiegt. Jugend und Laster könnt Ihr für Geld kaufen, aber keine Liebe. (RCP I, 6)

. . . schöne Mädchen konnte ich, ohne sie zu kaufen, genug zum Mitreisen haben; allein, sie sind auf der Reise so unbequem wie ein Hund, womit man auch immer zu tun hat. (FA, 150)

Die Insel (Phila in Ägypten) ist göttlich schön, die herrlichsten Mädchen wohnen und schwimmen da umher wie die Enten . . . Aber in ganz Ägypten ist alles Tier und ich brauche Zivilisation (!), *Koketterie, Geist und endlich freilich auch Fleisch, weil es doch einmal so sein muß.* (O III, 67)

Wo keine Weiber und Mädchen ins Leben greifen, da ist die Monotonie unausstehlich zu ertragen. (O I, 92)

Das Weib, der edelste Teil unseres Lebens . . . (RCP II, 150)

. . . ich habe mir (in Paris 1845/46) *eben eine niedliche* (Venus) *zugelegt, die umgeben von allen Grazien mir die Zeit vertreibt; ad vocilandum, sed non cognovit eam, sagt die Schrift vom König David.*[48] *Sie ist ein kleines niedliches Mädchen voll Geist und Witz. Sie versteht es meisterlich, die Rolle der Liebe zu spielen, wie es bei jung und alt als die Weltmode unserer aufgeklärten Zeit ist. Ihr meint, das schicke sich für mein Alter nicht; aber ich habe meinen Champagner noch nicht ausgetrunken und greife nach allem, was mir Glück scheint . . . ich sage mit Moor:* »M'amuser, n'importe comment. Fait toute ma Philosophie« (KüNa, 13)

Endlich, als ich von Paris abreiste, war der Moment des Abschieds von meiner schönen Emilie gekommen. Wir verließen uns wie gute Freunde; sie hatte nicht über mich zu klagen, weil sie mich viele schöne Dukaten gekostet hatte, und so ging die Ehescheidung in freundlicher Liebe, ohne Zank und Vorwurf vonstatten. Sie war eigentlich die schöne Pflegetochter meines Schneiders, der mich mit einigen Meisterstücken seiner Schneiderkunst geprellt hatte, woran ich mich rächte, indem ich seine beste Näherin mit- und verführte. (KüNa, 21)

. . . die Spanierin ruft einen Sterbenden zurück ins Leben wenn sie den Fandango tanzt. (RCP I, 214)

. . . da die Natur sie (die Frauen) *zum Spielwerk für die Männer geschaffen, so sollten die Männer, um selbst*

glücklich zu sein, immer mit ihnen spielen, denn der Wahrheit ist nicht zu widersprechen: ein Haus ohne Frau ist wie ein Jahr ohne Frühling und wie ein Sommer ohne Rosen. (OI, 35 f.)

(Auf Menorca) . . . *alle Fenster voll der schönsten Mädchen, die uns mit der lieblichsten Freundlichkeit begrüßten. Einige waren zu schön; ich mußte mit ihnen sprechen; die schönen spanischen Augen . . . ihr elektrisches Feuer belebte mein Alter und ich sprach mehr Spanisch mit ihnen, als ich je zu wissen geglaubt hatte.* (FA, 150)

Die russischen Mädchen haben überall die Röcke über die Brust gebunden, und man sieht, wie die Brust heruntergedrückt wird, um sich bei dem Nabel in Tabaksbeuteln zu bilden. Es gleicht dem Abschneiden des Schweifes bei Pferden und der Ohren und des Schweifes bei Hunden, welche die Menschen auch verschönern wollen. (RCP I, 272)

Das schönste Werk der Schöpfung sind die russischen Mädchen von Adel. (RCP I, 243)

Die (russischen) *Mädchen des gemeinen Volks sind häßlich und wie die Männer unwissend.* (RCP I, 245)

(Die Weiber im Orient) . . . *sie beschäftigen sich zu Haus mit Sticken und feiner Arbeit, wenn* (während) *die Unsrigen sich in der Küche mit dem Hauswesen beschmieren und auch zu Haus bleiben müssen, wenn der Mann in Café- und Wirtshäusern umherschweift und sie zu Haus oft Mangel leiden, und den Tölpel noch liebkosen müssen, wenn er besoffen nach Hause kommt, um nicht mißhandelt zu werden.* (RCP I, 68 f.)

Das Weib, die Seele der bürgerlichen Gesellschaft, ist im Orient eine verworfene Sklavin. In ekelhaften vermummten Gestalten ziehen sie durch die Straßen; im Hause müssen sie jede Mißhandlung ertragen. (O II, 59)

*Ich sah bei mehreren jungen Leuten, die Ausländer wa-
ren, daß sie gepachtete Mädchen und Weiber hatten. Es
waren Armenierinnen, weil man keine von der persischen
Religion kaufen oder ihr beischlafen darf, ohne die
größte Gefahr, umgebracht zu werden.* (RCP II, 111 f.)

*Die Venusseuche ist allgemein bis zum höchsten Grad
der Unheilbarkeit. Dabei treiben sich die Weiber, welche
sich mit anderen Männern verfehlt haben, die Frucht ab,
ein Laster, welches sehr allgemein ist.* (RCP II, 110)

Die Töchter der gebildeten Stände (Ungarns) *sind die
liebenswürdigsten Geschöpfe, die man sich nur denken
kann, schön wie die Rosen . . .* (O I, 26)

Als ich (in Siebenbürgen) *von einer »Dame« sprach, sagte
man mir, daß es keine Dame, sondern nur eine Bürgerliche
wäre; Damen werden nur die Adeligen genannt. Das Wort
»Frau« wird in der schönen Welt gar nicht mehr gebraucht,
denn es kommt von fromm, während Dame von Dama,
Ziege, abstammt. So ist denn Damengesellschaft nichts anderes als Ziegengesellschaft. Das Wort Jungfer ist, wie bekannt, in seinem Wesen so verächtlich geworden, daß man
ohne zu beleidigen, es gar nicht mehr sagen darf.* (O I, 40 f.)

*Ein Grieche wurde von einem Türken bei seiner Frau ge-
funden und beide wurden hingerichtet, die Türkin in einem
Sack in den Bosporus geworfen, der Grieche gespießt . . .
Auf den Beischlaf mit einer Türkin steht der Tod für jeden,
der nicht Türke ist. Freudenmädchen, welche nicht an Mo-
hammed glauben, gibt es viele. Sie müssen eine Abgabe an
die Moscheen bezahlen; die Kirchen leben in allen Ländern
von den Sünden der in Gott Gläubigen.* (O II, 23 f.)

*Das Vergnügen der Türken besteht in gedankenloser
Ruhe und die Liebe ist bei ihnen nur sittenlose Aus-
schweifung und viehischer Naturtrieb.* (O II, 57)

(In Smyrna) *Es gibt schöne Mädchen hier mit herrlichen
Gesichtern wie man in Europa keine sieht; sie lieben die*

Venus oder sind es selbsten, ohne aber von der himmli-
schen Begleitung der Grazien umgeben zu sein. Schäkern,
Tändeln, Scherzen, Lachen . . . alle diese süßen Spiele der
Seele, wo das Fleisch den Geist noch nicht überwältigt
hat . . . sind bei den schönen himmlischen Mädchen unbe-
kannte Dinge; sie sind nur Fleisch. (O II, 54)

(In Frankreich, 1845) *. . . überhaupt habe ich noch*
kein schönes Mädchen in Frankreich gesehen; das macht
es aber, weil ich alt bin, in meiner Jugend waren alle Mäd-
chen schön. (KüNa, 10)

Die Mädchen in Kristiania (Norwegen) *sind gute, mit-*
leidige Dinger. Als ich mich schlafen gelegt hatte, klopfte
eins ans Fenster, um ihr Nachtquartier bei mir zu neh-
men. Meine Frau war aber so grausam, es nicht erlauben
zu wollen. Es sollen viele Krankheiten unter den nor-
dischen Pariserinnen herrschen. (Sk, 116)

Die Weiber (in der Walachei) *sind stark und ebenso*
faul; den Oberleib haben sie nur mit einem Hemd über-
deckt, worin sich die Formen ihrer Brüste hängend wie
ein Paar Tabaksbeutel in starker, schwankender, ekel-
hafter Bewegung zeigen. (O I, 33)

In Rußland auf dem Wege von Moskau nach Petersburg war eine schöne junge Dame, von ihrem Kammermädchen begleitet, mit dem Wagen umgeworfen worden. Dabei hatten die »Helfer« ihr den Reisesack mit
dem ganzen Geld gestohlen. Hallberg half den Damen
aus ihrer Verlegenheit, und so fuhren die beiden in seiner Gesellschaft nach Petersburg.

Sie und ihr Kammermädchen waren die schönsten
Lockspeisen zur Sünde; es hätte auch nicht fehlen kön-
nen, da sie beide wie ein paar Mäuse gefangen waren. Al-
lein, die Sünde hatte mich (ca. 1843) *leider schon lange*
verlassen, und dann hätte ich doch, die Wahrheit zu sa-
gen, keinen Nutzen aus der traurigen Lage dieser Dame
ziehen mögen. (RCP I, 267 f.)

VI. ALLERLEI, VORWIEGEND ZUM SCHMUNZELN

Reisen

Das Reisen weckt Gedanken bei uns, die wir in den ruhigen Mauern unserer Heimat nie träumen; ich sehe das an meinen Kindern, wie sie nachfragen, bei jedem Neuen staunen; wie ihre Begriffe sich entfalten, ihr Wissen sich täglich mehrt. Es ist das große Buch der Natur, worin sie lesen . . . (It, 15)

Der einzige Freund des Reisenden ist sein Geld, welches man in Rußland möglichst zu vermindern sucht. (RCP I, 220)

Bart

Das gemeine russische Volk, und selbst die reichen Kaufleute, tragen alle lange Bärte, welche dem Gesicht des Mannes ein schönes Aussehen geben. (RCP I, 161)

Die Armen und die Dampfmaschinen

Durch die Dampfmaschinen erhielt England einen Zuwachs von Armen, welcher vielleicht den ägyptischen noch übertrifft, als die Juden auswanderten und die Pharaonen die Pyramiden erbauten, um sie (die Armen) *zu beschäftigen. Wenn auch die hiesigen Armen gegen die englischen Gentlemen sind, so sehe ich doch nicht ein, warum wir sie nicht zu Lords machen wollen, welches durch den freien Gebrauch von Dampfmaschinen leicht geschehen kann. Wir brauchen nur den Herren und Damen zu erlauben, auf den Straßen ihren Mund zum Rauchfang zu machen, und mit ihrer brennenden Dampfmaschine umherzugehen, wofür dann ein jeder jährlich 30 Kreuzer zum Besten der Armen abgeben müßte.* (Ähnlich wie es Peter der Große in Rußland mit der Bartsteuer hielt, müßte jeder Straßenraucher zu Jahresbeginn eine Plakette erwerben und bei sich tragen zum Beweis, daß er seine Jahressteuer gezahlt hat, meint der Eremit. Die Zensur ließ die Veröffentlichung dieses Beitrages nicht zu) (KüNa, 156 f.)

Unverbesserlich

Alles wird vom Menschen veredelt und verschönert; er selbst ist unverbesserlich wie seine Geschichte lehrt. (Ikr, 94)

Bäder

In Karlsbad, Marienbad, Franzbrunnen und Kissingen beehrt man die Kurgäste mit Abgaben, als wenn es nicht genug wäre, daß die Fremden durch ihr Geld den Glanz der Orte geschaffen und jedes Bedürfnis teuer bezahlen müssen . . . (RCP I, 73)

Täglich lese ich in den französischen Zeitungen großes Lob über die Heilkraft der Mineralwasser zu Homburg, wobei eigentlich das Spiel gemeint ist, welches insgesamt im Hintergrund steht und allein die Kraft der Ausleerung der Börse hat. (KüNa, 20 f.)

Begräbnis eines herrschaftlichen Kochs

Eben sah ich in Pest einen herrschaftlichen Koch in großem Aufzuge begraben . . . Der arme Koch ist jetzt zu den Enten, Gänsen, Fasanen und Kapaunen gefahren, welche er umgebracht, um den Gaumen seines Gebieters zu kitzeln, welcher die Arbeit der Bauern verzehrte und endlich mit ihnen und uns allen in Staub zurückkehren wird. (O I, 24 f.)

Auf Gewohnheit beruhende Meinungen

Die Mohren zogen durch die Stadt (in Algerien) mit einer Trommel und eisernen Deckeln, welche sie, um eine ih-

rem Ohr beliebte Harmonie herauszubringen, zusammenschlugen. Sie würden den Gesang der Catalani nicht angehört und uns belacht haben, wenn wir den Paganini vorgezogen hätten. Es sind Meinungen, die auf Gewohnheit beruhen wie Religion und all unser Wissen und Glauben. (FA, 79)

Erziehung

. . . überhaupt muß die Erziehung mehr liberal sein, weil aus ihr die größten Genies hervorgegangen sind. (KüNa, 43)

Los des Esels

Der Esel wird immer dem Gescheiten den Sack tragen müssen. (RCP I, 248)

Lauf der Welt

. . . der Starke nimmt, was der Schwache gemacht hat und überläßt ihm die Tränen! (It, 40)

Narrheit

Die Narrheit und die Dummheit hat so viele Anhänger, daß ich jedem rate, ihr nicht zu widersprechen. (RCP I, 15)

Erasmus von Rotterdam

Erasmus von Rotterdam schrieb das »Lob der Narrheit«, wofür ihm eine Stelle in einer Walhalla gebührt. (RCP II, 23)

Lob und Tadel der Menge

Lob und Tadel der Menge hat für mich keinen Wert. Heute schlagen sie den tot, dem sie morgen Altäre und Monumente bauen. (It, 245)

Kaffee

Besser wie alles ist der Kaffee, nämlich wirklicher Kaffee; der Wein berauscht, das Bier macht dumm, Apfelwein schläfrig, der Branntwein verbrennt; der Kaffee ist der Göttertrank der seligen Araber in ihrer Walhalla, wenn sie ewig ihre Huris küssen. Gibt es etwas Schöneres auf Erden als eine Tasse Kaffee, ausgestreckt auf einer Ottomane mit einem schönen Mädchen, zu trinken? Elektrisiert, ermuntert, erfreut wird der Geist . . . (RCP I, 10)

Ihr, die Ihr noch lebt, verlaßt Euer Schlaraffenland, trinkt Kaffee, wandert durch die schöne Welt, liebt die schönen Mädchen, betet die Meisterwerke der Allmacht an, werft den Hypochonder mit allen Apothekertöpfen auf die Straße, jaget die Ärzte, Advokaten und Pfaffen weg, berauscht Euch in Kaffee, reiset und Ihr werdet schlafen, gesund sein, Euch des Lebens freuen und bald so wohl und leicht, wie ich bin, werden. (RCP I, 11)

(In Vilsbiburg, Niederbayern) . . . spazierte ich am Morgen zum Tor hinaus, nachdem ich mit dem polizeiwidrigen, ungesunden und höchst schädlichen Gesöff, betitelt Mandelkaffee, befrühstückt worden, den ich aber – wie immer – stehen ließ. (Ikr, 68)

Ansonsten kann er über Bayerns Landherbergen nicht klagen.
Wenn man genügsam ist, läßt es sich in den Landherbergen Baierns wohl leben; man findet Fleisch und gute Brotsuppe mit Eiern, sehr gutes Brot und freundliche Menschen . . . (Ikr, 72)

Paßplackereien

Ob die Staaten wohl je wieder die Paßplackereien abschaffen werden, welche nichts heißen und total nichts beweisen. Zur Zeit der Pest wurden sie erfunden, um anzuzeigen, daß in dem Ort keine Pest wäre, daher Pestbrief, woraus Paß entstanden. (Ikr, 43)

Sauna in Rußland

In ein schmutziges Gemach begeben sich Männer, Frauen und Mädchen; es werden Steine glühend heiß gemacht, dann mit Wasser begossen und in diesem Dampf gehen sie nackt umher und peitschen sich mit Birkenreisern, welche noch die Blätter haben; das Bad besteht also nur aus Dämpfen. Es sollen zwar die Männer getrennt von den Frauen baden, dies geschieht aber auf dem Lande nicht und wie es in den Städten beobachtet wird, sah ich in Astrachan. In den Dämpfen, wo die Männer, alt und jung, nackt umherspazierten und sich geißelten, waren in den hölzernen Abteilungen, welche die Geschlechter trennten, so große Löcher, daß die Weiber und Mädchen bequem die Männer und sie die Weiber und Mädchen sehen konnten. Der nackte Anblick hatte bei den Männern mehrere Verhärtungen hervorgebracht, welches oft ein allgemeines Gelächter hervorrief. Da ich gesehen, daß bei den Weibern die Aufwärter Männer waren und außerdem noch andere in naturhistorischer Hinsicht umherspazierten, so ging ich auch hinein und sah die Gestalten an, die ohne Scheu in den Dämpfen herumspazierten und mit langhängenden Tabaksbeuteln reichlich begabt waren. Gewohnheit ist die andere Natur, wie bei allen Tieren, sie mögen Hunde oder Menschen heißen. Das Sonderbarste ist nur, daß ein Mädchen, welches anderwärts sich schämen würde, sich vor einem Mann zu entblößen, sich hier ohne Scheu von allen in puris naturalibus begaffen läßt. Es ist Gewohnheit, Philosophie kann man es nicht nennen, sonst wären die Russen die größten Philosophen der Welt. (RCP II, 27 f.)

Skilauf in Norwegen

Diese Gegend (nördlich von Trondheim) *ist, wie mehrere andere, berühmt wegen der Schneeläufer (Skielöber), die mit drei bis vier Ellen langen Schlittschuhen mit Pfeilschnelle über Eis und Schnee über die höchsten Berge*

laufen. Das Ganze besteht aus drei Zoll breiten Latten,
welche vorn an der Spitze etwas in die Höhe gehen; sie
werden unter den Fuß geschnallt. Ein sechs Fuß langer
Stock mit eiserner Pike dient, um die Bewegungen zu lei-
ten oder einzuhalten. (Sk, 149 f.)

Tabak

Das Tabakrauchen scheint zuerst bei den Hofleuten in
England Mode geworden zu sein. Es bewog den König
Jakob I. im Jahre 1601, es mit großen Abgaben zu bele-
gen . . . und er schrieb zugleich seinen Misocapnos, wo-
rin er seinem Volke mit hohem Feuer und väterlichem
Gefühle ans Herz legt, von dem Genusse des Tabaks ab-
zustehen.

Im Jahre 1620 kam der Tabak zuerst nach Zittau und
aus England nach Straßburg.

In Spanien fand das Tabakschnupfen die ersten Vereh-
rer und die Priester nahmen sogar zwischen der Messe
eine Prise Tabak, welches dann Papst Urban VIII. 1624
bewog, alle diejenigen in den Kirchenbann zu tun, welche
in der Kirche Tabak schnupfen würden.

In Rußland ward das Tabakrauchen im Jahre 1634 bei
Verlust der Nase verboten . . .

Im Jahre 1653 fing man an, in der Schweiz Tabak zu
rauchen, das ganze Volk kam in Bewegung wegen diesem
Skandal; die Raucher wurden vor den großen Rat gela-
den und exemplarisch bestraft; den Gastwirten wurde an-
befohlen, denjenigen eine zehnfache Zeche zu machen,
welche sich unterstehen würden, Tabak zu rauchen.

Im Jahre 1676 versuchten die Juden den Tabakanbau
in der Mark Brandenburg einzuführen; es wurde ihnen
verboten, und man baute zuerst Tabak im Jahre 1687.

Im Jahre 1690 tat Innozenz XII. schon wieder alle die-
jenigen in den Kirchenbann, welche in einer Kirche eine
Prise nehmen würden.

Im Jahre 1724 hob Papst Benedikt XIII. die Exkom-

munikation gegen das Tabakrauchen wieder auf. (RCP I, 36 ff.)

Es darf in München auf den Straßen nicht geraucht werden. (O I, 5)

Cholera – Ursachen und Mittel dagegen

(1831 war das Jahr einer großen Cholera-Epidemie und da es kaum ein Thema gab, zu welchem der Eremit nichts zu sagen wußte, meldete er sich auch hierzu in einem Biedermeier-Journale zu Wort. Mit der Bestimmtheit eines Wissenden, der keinen Zweifel kennt, zählt er zunächst ein Dutzend Ursachen der Cholera auf, eine unsinniger als die andere, zum Beispiel die schlechte Zeit mit ihren demagogischen Umtrieben, das Lebenssystem und andere, im gesellschaftlichen Bereich angesiedelte Umstände, daneben minderwertige Getränke sowie den gefärbten, mit allerlei schädlichen Ingredienzen gebeizten Tabak, und dann kommt er darauf zu sprechen, daß er selbst ein unfehlbares Mittel dagegen besitze:

. . . Schließlich bitte ich meine guten Freunde, aber im Ernst und ohne Scherz, wenn sie von der Cholera besucht werden sollten, sich zu mir zu verfügen. Ich verspreche ihnen schleunige Hilfe durch ein Mittel, welches ich selbst 1809 in Tunis dagegen brauchte und infallibel ist. Allein, ich will es nicht öffentlich bekanntmachen, bis die Schwätzer im englischen Parlament, welche durch ihre Zeitverschwendung mit Unsinn den Tod verdient haben, daran gestorben sind . . . Unterdessen habe ich das Mittel vor langer Zeit durch das Königlich bayerische Staatsministerium dem Kaiser von Rußland zugeschickt. Es blieb aber ohne Antwort, weil die Ärzte es wahrscheinlich wegen seiner Einfachheit für ein Hausmittel erklärten, daher wie überall gegen den Respekt der Apotheker-Töpfe fanden . . . (rT, 31. 7. 1831)

Gegen Tierquälerei

Am 8. Juni 1822 passierte im englischen Parlament die Bill, welche allen unter gewissen Strafen verbietet, sich gegen die Tiere grausam zu zeigen und sie in unsinniger Weise ohne Maß zu schlagen. Das englische Parlament hat nie eine ehrenvollere Sitzung gehalten; es steht auch zu hoffen, daß sie dem Pferde die schöne Zierde des Schweifes nicht mehr benehmen werden. (It, 71)

Über den Verstand der Tiere

(bemerkt der Eremit in einer Leserzuschrift:)
. . . den Verstand der Tiere, welchen der Aberwitz der Menschen Instinkt nennt.
(Mit zwei Beispielen will er seine Behauptung vom Verstand der Tiere belegen:
1: Seine Pferde zeigten ihm einmal durch Fußkratzen und Aufhören mit Fressen an, daß ihnen Hafer aus der Futterkrippe gestohlen worden war.
2. Seine zwei großen Hunde gäben ihm durch ihre Stimme deutlich zu verstehen, ob ein Gendarm, Kaminkehrer, Bettler oder gut gekleidete Leute zu ihm kämen.) (»Faunus« Nr. 5, 1835)

Witziger Ausdruck

(Saarlouis) *Die Stadt ist so klein, daß man die Tore schließen muß, um sich gegen Zugluft zu sichern.* (KüNa, 5)

Meine Gesellschaft (im Eilwagen) *bestand* (unter anderem aus) *einem von Gesicht schönen Mädchen, das aber, wie ich beim Einsteigen in den Wagen sah, Beinchen so mager hatte, daß sie den Grenadieren zu Ladstöcken hätten dienen können.* (KüNa, 22)

(Das Landvolk um Kißlar, Rußland) *Ihre Kleidung ist überreif, nach veränderter Natur in die Staatskanzleien zu wandern, um darauf zu schreiben . . .* (RCP II, 172)

(Bei Miesbach, Oberbayern) *In dieser schönen Natur fühlt man ganz den Schmerz, daß man sie auf ewig verlassen muß, aber mehr noch, daß die Jahre vorbei sind, wo man dem großen Werkmeister das Kunststück des sechsten Tages nachpfuschte.* (Ikr, 81 f.)

Die Hausordnung des Eremiten

Des Morgens vierte Stunde ist
Zum Aufsteh'n angewiesen,
Dann soll der Koch, nachdem als Christ
Er seinen Gott gepriesen,
Gekleidet säuberlich und rein
Zur Küche eilen, um dort fein
Das Frühstück zu bereiten.

Denn hier geht's nicht wie in der Stadt,
Wo man die Nacht zum Tage,
Den Tag zur Nacht verwandelt hat.
Hier gilt die alte Sage:
Die Morgenstund' hat Gold im Mund,
Der Städter liegt den Steiß sich wund,
Die Sonne anzugähnen.

Sobald die Glocke elfe spricht,
Zur Tafel man tät gehen,
Hier sei bei jeglichem Gericht
Des Koches Kunst zu sehen,
Und alles sei gewürzt und schön
Bereitet, reizend anzuseh'n,
Und vom Geschmacke köstlich.

Denn hier nach altem Ritterbrauch
Man gute Köche ehret,
Sich bene tut beim Mahl und auch
Gern einen Humpen leeret,
Doch muß zu einem guten Wein

Gewürzt auch stets der Imbiß sein
Fragt nur darum die Pfaffen.

Nachdem dem lieben Gotte man
Nun für die süßen Gaben
Gedankt, fängt man zu schmausen an
Um weidlich sich zu laben,
Und kein Gericht sei hier verschmäht,
Wenn sich auch schon Herr venter bläht,
Trotz einem Reichsprälaten.

Nachdem nun dieses Prinzipal-
Geschäft des Erdenlebens,
Dies große Ziel im weiten All
Des Drängens und des Strebens
Vollbracht, leert jeder noch ein Glas
Und sagt darauf das gratias
Nach altem Brauch und Sitte.

D'rauf wird bei einer Tass' Kaffee
Ein Pfeifchen angezündet,
Und wie auch jedes Ach und Weh
Gleich seinem Rauch verschwindet,
So wird auch hier bei frohem Scherz
Vergessen jeder Lebensschmerz,
Man denkt nur an's Verdauen.

Auch mag man von Politicis
ein bißchen diskurieren,
Auch wohl in Philosophicis
Ein wenig disputieren;
Und endlich nach dem Wetter seh'n,
Der Menschen Torheit eingesteh'n:
Nam narrat omnis homo.

D'rauf sucht man sich den Nachmittag
Bestmöglich zu verkürzen,
Und jenem weisen Sprichwort nach
Das Leben sich zu würzen.
Denn wer genießet, nur der lebt

Den Tag, den Dir die Parze webt,
O such ihn zu benützen.

D'rum sei auch jeder Rittersmann
In uns'rer Burg willkommen,
Stets jeder biedere Kumpan
Gastfreundlichst aufgenommen,
Und wer vorüberzieht und kehrt
Nicht bei uns ein, dem sei auf's Schwert
Und Lanze Fehd'geschworen.

Und da sich stets in regula
Das End' zum Anfang reimet,
So wird die weise practica
Auch niemals hier versäumet,
Und stets das Abendbrot sobald
Die sechste Stund vom Turm erschallt
Frugaliter verzehret.

D'rauf wird bei einer Partie Schach
Ein Pfeifchen angezündet,
Bis sich die Hausmanns Glock' gemach
Der Urn' der Zeit entwindet,
Alsdann wird jeder fromme Christ
Nach Pflicht und wie es bräuchlich ist,
Das Nachtgebet verrichten.

Und im Gedanken alles flieht
Wie dieser Tag, die Jahre,
Ein Blick, o Tor, und sieh! Dich zieht
Die Nemesis zur Bahre.
Getrost zur Ruh sich legen und
Am andern Morgen, wenn gesund,
Sich ein da capo spielen.

Hermannsdorf, im November 1850 alten Stils, im dritten
Jahr der deutschen Narrheit neuen Stils.
Baron Hallberg, Großkommentur des Sonnen- und Lö-
wenordens von Persien.

155

Würdigung

Nicht wenige Autoren haben sich bisher für diesen merkwürdigen, seltsamen Mann interessiert, doch sind sie im allgemeinen schnell mit ihm fertig geworden. Namentlich in Anthologien über Sonderlinge, Abenteurer, kauzige Originale und ähnliche Kategorien ist unser Eremit fast regelmäßig mehr vorgeführt als vorgestellt worden. Für derartige Zwecke genügte es den Autoren in der Regel, die Biographie zu Rate zu ziehen, die des Eremiten Zeitgenosse Gistel uns hinterlassen hat. Auf diese Weise ist eine in manchen Einzelheiten korrekturbedürftige Überlieferung zum Lebenslauf und zur Persönlichkeit dieses ungewöhnlichen Mannes entstanden. Nicht nur daß die Gistelsche Quelle reichlich trübe ist, verworren und voller Ungereimtheiten, es kann ein Mann, der sich in ausgiebigem Maße über Gott und die Welt, seine Erlebnisse und Ansichten in seinen Schriften geäußert hat, nicht angemessen gewürdigt werden, wenn man nur in Betracht zieht, was über ihn geschrieben worden ist, und nicht berücksichtigt, was er selber verfaßt hat.

Macht man sich diese Mühe, so muß man sehr bald feststellen, daß der Eremit eine viel zu komplexe Erscheinung ist, als daß es genügte, ihm eines jener Etiketten anzuhängen, mit denen man ihn problemlos in die Sparten »Narr«, »verschrobener Weltbürger«, »bayerischer Münchhausen« oder ähnliche einordnen zu können glaubte. Selbst der weite, aber konturenlose Begriff des »Sonderlings« erfaßt ihn nicht vollständig. Dietmar Schmidt erkennt die Problematik einer angemessenen

Würdigung des Eremiten, wenn er in der Neuen Deutschen Biographie, Bd. 7, ausführt:

> »Die Abenteuer und Seltsamkeiten im Leben Hallbergs, die Vielzahl und Mannigfaltigkeit seiner Unternehmungen und Absichten, seine ständig und sprunghaft wechselnden Anschauungen lassen sich kaum auf einen Nenner bringen.«

Dabei ist auch zu dieser Feststellung eine einschränkende Anmerkung notwendig. Sicher hat der Eremit im Laufe seines langen Lebens manche seiner Ansichten geändert, fortentwickelt oder revidiert. Das wäre indes keine ihn kennzeichnende Besonderheit. An seinen Grundanschauungen scheint er jedoch im wesentlichen lebenslang festgehalten zu haben. Das gilt ebenso für seine Einstellung zur Aufklärung, zur Französischen Revolution, zu Konstitutionen, welche die monarchische Gewalt durch Volksvertretungen einschränken, wie für seine soziale Gesinnung und seine romantischen Vorstellungen von der »guten alten Zeit«.

Wenn er sich oft in seinen Ansichten zu widersprechen scheint, so muß man das nicht unbedingt als sprunghaft wechselnde Anschauungen werten. Manche Gegensätze, scheinbare oder wirkliche Widersprüche scheinen dauerhaft in ihm angelegt. Mitunter aber ergeben sich Ungereimtheiten auch aus nur gedankenloser, nachlässiger Formulierung. Daran kann man zum Beispiel denken, wenn er in seiner Einladung an die Öffentlichkeit, ihn auf seiner beabsichtigten Auswanderungsreise nach Amerika (1848/1849) zu begleiten, einerseits dort die ersehnte Freiheit und ungezwungene Lebensweise sucht, andererseits jedoch in dem gleichen Schriftstück bekennt, daß die amerikanischen Städte dieselben Verfallssymptome zeigen wie die des »alten kranken Europa«. Wie konnte er erwarten, damit Auswanderungs- oder auch nur Reisegelüste zu wecken? Vielleicht war sein Auswanderungsziel ein anderes Amerika als das der so düster gemalten Städte; aber dann hätte er es auch deutlich sagen müssen! Der Eremit hat selber freimütig zugegeben, daß er auf seine Schreiberei ganz allgemein keine Sorgfalt verwendet habe.

Wie dem auch sei, er war ein Mann vielfältiger Gegensätze. Die Einsicht in die Komplexität seines Wesens muß jeden Biographen bescheiden machen, und alles Bemühen kann doch nur zu einer annähernden Erfassung seiner Persönlichkeit führen. Nichts anderes nimmt der Verfasser für sich in Anspruch.

Der Eremit wird uns als mittelgroßer hagerer Mann mit verhältnismäßig kleinem Kopf, spärlichem Haupthaar und kleinen, lebhaften Augen geschildert, den schmallippigen Mund unter sanft gebogener Nase durch einen grauen, später weißen, bis auf die Brust reichenden Bart verdeckt. Seine stets ausgefallene und daher auffallende Kostümierung sowie seine sonderbare Wohnungsausstaffierung wurden schon des näheren beschrieben. Gerade diese, von Normalität drastisch abweichenden Äußerlichkeiten dürften entscheidend dazu beigetragen haben, daß er zum »Eremiten von Gauting« abgestempelt wurde, womit vielleicht ausgedrückt werden sollte, daß man ihn wie ein Wesen aus einer anderen Welt sah, wie einen Menschen, der mit gewöhnlichen Maßstäben einfach nicht zu messen war.

Der Eremit ließ sich eine solche Einschätzung im Grunde gerne gefallen ebenso wie den Namen »Eremit von Gauting«, den er fortan selber oft verwendete. Er wollte anders sein als die anderen, da, wie er sagt, *es nichts Dümmeres geben kann, als dem Kühgang anderer Menschen zu folgen.*

Andererseits freilich war er alles andere als ein Eremit, wie man ihn sich vorstellt. Er suchte nicht die Einsamkeit, im Gegenteil, er war freigebig mit Einladungen, die sich keineswegs auf Freunde, Bekannte und Honoratioren beschränkten, sondern sich gelegentlich auch an die Öffentlichkeit richteten und einen regelrechten Massenansturm zur Folge haben konnten.

Gerne benutzte er vaterländische Gedenktage für derartige Veranstaltungen, aber wenn es ihm einfiel, bedurfte es auch keines besonderen Anlasses, um einen regelrechten Rummel zu veranstalten.

Über Mangel an Besuchern brauchte sich unser Eremit, abgesehen von seinen letzten Jahren in Hörmannsdorf, nicht zu beklagen, wenngleich gewiß viele nur aus purer Neugier gekommen sein mögen, diesen sonderbaren Mann in seiner kuriosen Umgebung zu besichtigen. In schroffem Gegensatz zu der »Hospitalität«, die er seinen Besuchern erwies, stand die ihm von anderen zuteil gewordene. Von den Gesellschaftskreisen, denen er seiner Herkunft nach eigentlich angehörte, wurde er anscheinend gemieden. Aber auch seine Gäste sahen offenbar keinen Grund, ihrerseits den Eremiten einzuladen. So stellte er einmal nicht ohne einen Unterton von Bitterkeit fest:

Obwohl sie (die Gastfreundschaft) *in meinem Hause nach alter Sitte meiner Voreltern noch ihr heiliges Recht behauptet und ein jeder eine freundliche Aufnahme und Aufenthalt findet, so lang er will, so bin ich doch in den vierundzwanzig Jahren, welche ich in Bayern wohne, außer von Sr. Majestät dem Könige noch von keinem zu Tisch gebeten worden.«* (E, 98)

Für viele mochte er als nicht »gesellschaftsfähig« gelten. Der bekannte Kritiker Wolfgang Menzel (»Literatur-Menzel«), der ihm an und für sich wohlgesinnt war und sich zu seinen Schriften nicht unfreundlich äußerte, muß doch bekennen:

> »Der alte Eremit war übrigens sehr unangenehm, denn sein ganz mit Bart überwachsener Mund überfloß von Zoten und war so unreinlich, daß ich jedesmal das Mundstück der Tabakspfeife, die ich ihm als Gast anbot, nachdem er sie geraucht hatte, wegwarf.«[49]

Immerhin, am Hofe des Bayernkönigs, wo doch die peinlichste Etikette gewahrt wurde, empfing man ihn, und die gleiche Ehre erfuhr er von anderen abend- und morgenländischen Herrschern wie auch von mehreren Päpsten.

Zumindest bei derartigen Empfängen wußte er geziemend aufzutreten und konnte sich nicht in seiner sonst gewohnten Aufmachung präsentieren. Hier wird er Zugeständnisse an die Normalität gemacht haben müssen.

Mit dem Bayernkönig Ludwig I. (1825-1848), mit dem er sich angeblich duzte, verband ihn übrigens nicht nur seine Zusammenarbeit bei der Gründung seiner Moorkolonie im Erdinger Moos. Beiden hatte es Frauenschönheit über die Maßen angetan. Man denke nur an König Ludwigs berühmte Schönheitengalerie im Nymphenburger Schloß. Allerdings hatte Hallberg ein eigenartig ambivalentes Verhältnis zum weiblichen Geschlecht. Vergötternd und wegwerfend verächtlich konnte er sich darüber im allgemeinen äußern. Vor allem für die älteren Frauen hatte er im großen und ganzen nur Geringschätzung übrig. In diesem Falle kann man getrost Gistel glauben, wenn er sagt:

»An dem Weibe achtete er nur die Schönheit und die Jugend.« (120)

Es gibt eine Vielzahl von Bemerkungen seinerseits, die erkennen lassen, daß er das Verhältnis von Mann und Frau allzu einseitig unter erotischem Blickwinkel sah. Er wünschte sich nur zu gerne die Rolle eines Paschas, für den die Frau nur als Spielzeug und Liebesobjekt geschaffen war. An Gistel schrieb er einmal:

Ich will versuchen, Pascha zu werden, um mich wie David an den schönen Mädchen zu erwärmen. (27. 11. 1835)

Es spricht einiges dafür, daß seine Frau Caroline am eigenen Leibe erfahren mußte, wie sich mit den Jahren Liebe und Zärtlichkeit ihres Mannes allmählich in Gleichgültigkeit, ja Mißachtung verwandelten. Ein liebender Gatte hätte ihr sicher den riskanten Sprung aus dem Obergeschoß des Schlosses zu Birkeneck nicht zugemutet. Eine ehrliche Biographie kann diesen abstoßenden Zug im Wesen des Eremiten nicht übergehen.

Ebensowenig wie er zum Ehemann taugte, wird man sagen können, daß er zum Familienvater geschaffen war. Zwar liebte er seine Tochter Franziska Amalie abgöttisch. Sie war indes auch eine stattliche, amazonenhafte Blondine. Für seinen Sohn Hermann Siegburg dagegen waren seine väterlichen Gefühle anscheinend äußerst schwach entwickelt. Klein geraten und mit verkrümmtem Rückgrat für eine soldatische Laufbahn ungeeignet, war er nicht der männliche Sproß, den sich der Eremit gewünscht hatte. Das ließ er ihn in aller Deutlichkeit spüren, und als der Sohn schließlich 1851 im Alter von siebenunddreißig Jahren an den Folgen eines Sturzes vom Pferd starb, wollte er zunächst sogar ein standesgemäßes Begräbnis verweigern.

In seiner politischen Gesinnung wurzelte Hallberg in der absoluten Monarchie, in der die aristokratischen Grundherren noch eine staatstragende Rolle hatten. Wirtschaftspolitisch war er der Lehre der Physiokraten verhaftet, die im Ackerbau und im Besitz von Grund und Boden die Grundlage des Nationalreichtums sahen.

Die vielschichtige große Geistesbewegung der Aufklärung, die den Verfassungsstaat, die konstitutionelle Monarchie des 19. Jahrhunderts, vorbereitete, hat er verteufelt, wo er nur konnte, galt sie ihm doch als verantwortlich für alle in seinen Augen unseligen Erscheinungen wie die Französische Revolution von 1789, die negativen Begleiterscheinungen der Säkularisation, die Konstitutionen und die überall zutage tretende Gesetzesschwemme, mit der man alles zu reglementieren suchte. Und doch hatte aufklärerisches Gedankengut – ob er es wahrhaben wollte oder nicht – auch bei ihm Eingang gefunden, wie etwa an der rationalen Betrachtungsweise der Möglichkeiten einer Vereinigung von Christentum und Islam oder an seinen verächtlichen Äußerungen zum Reliquienkult zu sehen ist.

Die »gute alte Zeit«, das war für den Eremiten jedenfalls die Zeit der patriarchalischen Verhältnisse, in welcher der Adelige noch Herr war, im guten, fürsorglichen, Schutz und Schirm gewährenden Sinne, die Zeit, in der man von dem »Geschwätz von Freiheit und Gleichheit« noch nichts wußte.

Hallberg hatte durchaus soziales Empfinden. Das Elend der Armen ließ ihn nicht unberührt, und er konnte sich in sarkastischen Tönen Luft machen, wenn er den Kontrast zwischen dem hungrigen, zerlumpten, alles entbehrenden Proletariat und dem ausschweifenden Luxus der müßiggehenden Reichen registrierte. Des Segens Gottes müßten alle teilhaftig werden und nicht die einen alles und die anderen nichts haben. Doch als er seine Motive für die Kultivierung des Erdinger Mooses und die Anlage seiner Moorkolonie dort erläutert, bekennt er:

Übrigens bitte ich alles, was ich sage, nur von der Seite der Staatswohlfahrt anzusehen und nicht zu glauben, daß ich vom Geruche der Menschenliebe angesteckt sei. Obwohl ich in der Kunst zu lieben in meiner Jugend ein Meister war, so beschränkte sich doch diese Kunst bloß auf diejenige Liebe, wovon Ovid geschrieben hat.

Zweifellos stand die Staatswohlfahrt im Vordergrund seiner Überlegungen, der Gedanke, mit einem »Arbeitsbeschaffungsprogramm« ein Revolutionspotential abzubauen. Die Formulierung, daß er vom Geruche der Menschenliebe nicht angesteckt sei, wird man jedoch zumindest als sehr überspitzt ansehen dürfen. Vielleicht versprach er sich von dieser forschen Wendung eine nachhaltigere Wirkung bei den maßgebenden Behörden.

Hallberg bezeichnete sich selbst als Ackermann, und das stimmt insofern, als er Gutsherr war und dem gutsherrlichen Milieu entstammte. Mit Leib und Seele aber hat er sich diesem Berufe nicht hingegeben, abgesehen von den wenigen Jahren, in denen er sich von Birkeneck aus seinem Kultivierungsvorhaben im Erdinger Moos gewidmet hat. In seinem eigentlichen Element war er nur auf Reisen. Er war in erster Linie Weltenbummler, und wenn er allen seinen Reisebüchern das Motto voransetzte »omne solum forti patria« (jeder Boden ist dem Starken Vaterland), dann mag er damit sein Weltbürgertum gemeint haben. Andererseits jedoch liefert er uns zahlreiche Belege dafür, daß er sich mit ganzer Seele als Deutscher fühlte und ein glühender Patriot war. Das bewies er nicht nur in den Befreiungskriegen, sondern auch noch in der hohen Zeit seines späteren Reiselebens. Wir brauchen nur an seinen »Aufruf an das deutsche Volk« aus dem Jahre 1840 zu denken, als es ihm darum ging, den deutschen Patriotismus zu mobilisieren, um der französischen Forderung nach der Rheingrenze die gehörige Antwort zu erteilen.

Hallberg war sicher weniger ein Mann mit ständig sprunghaft wechselnden Anschauungen, als vielmehr ein Mensch voller Gegensätze und Widersprüche. So war Hallberg Soldat aus Familientradition wie aus Neigung. In den Befreiungskriegen hatte er nicht unbedeutende militärische Kommandos inne. Der Soldatenstand lag ihm am Herzen. Aber anders als die Mehrzahl der höheren Militärs, für die der Krieg zum Handwerk gehörte, der nicht hinweggedacht werden konnte, ja, nicht einmal unbedingt als Übel angesehen wurde – wie sollte man sich als karrierehungriger Offizier anders Ruhm erwerben als in der Schlacht? – überrascht uns der Eremit mit Ansichten, die für einen alten Haudegen erstaunlich sind. In einer Abhandlung, betitelt »Die Narrheit der Völker oder der Krieg«, verfemt er den Krieg so entschieden, daß ihn die moderne Friedensbewegung in die Reihe ihrer Ahnherren aufnehmen könnte.

Hallberg war Militär und dabei doch alles andere als ein Militarist; der lebendige Beweis dafür, daß beides, wiewohl dies nicht selten geschieht, nicht gleichgesetzt werden darf.

1829 veröffentlichte der Eremit eine kleine Schrift »Der Soldat«. Ausgangspunkt seiner Darlegungen ist der Gedanke, daß die fortwährende Verstärkung der stehenden Heere, also die stetige Aufrüstung, eine unheilvolle Entwicklung markiere. Die Sicherheit der Staaten werde dadurch nicht erhöht, weil die anderen Staaten entsprechend aufrüsten. Auf der anderen Seite steige dadurch die nationale Verschuldung immer weiter an. Auf die Dauer könne das nicht gutgehen. Zur Erhaltung der Nationen gebildet, trügen somit die stehenden Heere den Keim ihrer Zerstörung in sich. Für den Eremiten sind daher die stehenden Heere im Prinzip unerwünscht. Da man aber wohl noch geraume Zeit darauf warten müsse, bis sich diese Einsicht allgemein durchsetzt und sie einseitig nicht abgeschafft werden könnten, müsse man vorerst weiter damit leben. Nach diesem Präludium gibt er Anregungen, wie der Zustand des Soldatenstandes verbessert werden könnte. Sie sind für unsere Schlußbetrachtung nicht von Interesse. Einzelne seiner Vorschläge sind ihrer Kuriosität halber im vorigen Kapitel aufgeführt. Hier kam es nur darauf an, den für den Soldaten Hallberg überraschenden und bemerkenswerten Ausgangspunkt seiner Darlegungen hervorzuheben. Mag die Auffassung von Kriegsbereitschaft durch stehende Heere für einen hohen Militär zu Hallbergs Zeiten ungewöhnlich sein, ein Widerspruch liegt insoweit nicht vor.

Anders steht es dagegen um die Einstellung des Eremiten zu Religion und Kirche. Hier klaffen augenscheinlich wirkliche Widersprüche, bleiben Rätsel. Hält man sich zunächst an sein von ihm formuliertes Glaubensbekenntnis, müßte man ihn schlicht gottgläubig nennen. Andere Äußerungen von ihm weisen in die gleiche Richtung. Über die katholische Kirche (der er doch angehörte), deren Einrichtungen und Vertreter, weiß er ausgiebig zu spotten. Selbst das Papsttum bleibt nicht ungeschoren. Unverhohlen zeigt er dagegen Sympathien für den Islam, ohne sich indessen rückhaltlos dazu zu bekennen.[50]

Gleichwohl wird er von mehreren Päpsten ehrenvoll empfangen und hoch dekoriert. Man hat darüber spekuliert, welchen Verdiensten des Eremiten diese Ehrungen zuzuschreiben sind, ohne zu befriedigenden Erklärungen zu gelangen. Vermutete, jedoch nicht belegte Einzelaktionen, die sich als Einsatz zum Schutze der christlichen Religion oder Friedensstiftung unter den christlichen Konfessionen deuten lassen würden, reichen nicht aus, das Rätsel aufzulösen, wie auch die Behauptung Gistels, der Eremit habe von Papst Gregor den »Gregorisorden« erhalten, um ihn für sein Gebetbuch für die Kolonie Hallbergmoos zu ehren, nicht zu überzeugen vermag, wenn man bedenkt, daß diese Tat nicht einmal den Segen der örtlich zuständigen Freisinger Kirchenbehörde fand.

Das Geheimnis, wie ein Mann, der, wie zahlreiche seiner Äußerungen zeigen, allenfalls die christlichen Moralgrundsätze bejahte, aber alles andere als ein Glaubensvorbild im Sinne der Kirche war, zu derartigen Auszeichnungen vom Oberhaupt der katholischen Christenheit kommen konnte, bleibt ungelüftet. Auf Spekulationen kann verzichtet werden.[51]

Hallberg war fraglos ein gescheiter Kopf. Er konnte sich, wie versichert wird, mit Gelehrten über Probleme aus den verschiedensten Wissensgebieten unterhalten. Das hinderte ihn freilich nicht, andererseits Aussprüche von niedrigstem Niveau von sich zu geben, wenn er zum Beispiel pauschal über die Gelehrten, ganz besonders aber über Priester, Ärzte und Juristen, urteilte.

Hallberg war – seine Schriften belegen es eindrucksvoll – außerordentlich belesen, vor allem auf dem Gebiete der Geschichte. Um so mehr muß es verwundern, daß er in seinen Schlössern ganz ohne Bücher gelebt haben soll (seine eigenen natürlich ausgenommen).

Von den Dichtern liebte er besonders Horaz. Für Petrarca zeigte er Interesse. Auf Goethe dagegen war er nicht gut zu sprechen. Ihm warf er vor, sich mit fremden

Federn geschmückt zu haben. Ein Zeitgenosse weiß zu erzählen, daß er seine Behauptung anhand einer Stelle eines Goetheschen Trauerspiels, ohne dessen Titel zu nennen, belegte, der er die entsprechenden Verse Voltaires gegenüberstellte. Unser Gewährsmann[52] bemerkt dazu:

> »Da der Eremit unter gewissen Leuten einen Anhang besitzt, Goethe aber in München nicht eben zu den beliebten Schriftstellern gezählt werden darf, so kann man sich denken, welchen Stoß jene Behauptung vollends seiner Reputation gegeben . . .«

Der Goethe-Verriß des Eremiten bezog sich auf Voltaires Mahomet-Drama (Le Fanatisme ou Mahomet le Prophète). Dieses Stück hatte Goethe auf Wunsch des Herzogs Karl August 1799 übersetzt und für die Weimarer Bühne bearbeitet.[53] Davon, daß sich Goethe mit fremden Federn schmücken wollte, konnte keine Rede sein. Vermutlich war das abfällige Urteil des Eremiten von seiner Voreingenommenheit gegen Goethe bestimmt; war es doch kein Geheimnis, daß der Dichter voll Bewunderung von Napoleon sprach, den Hallberg abgrundtief haßte.

Obwohl unser Globetrotter auf seinen Reisen zahlreiche Werke großer Kunst besichtigte, war es mit seinem Kunstverständnis nicht weit her. Die Malerei bezeichnete er durchweg abschätzig als »Pinselei«, die ihm unabhängig von ihrer Qualität nur dann imponierte, wenn es sich um Porträts großer Männer in seinem Sinne oder denkwürdige Geschehnisse der nationalen Geschichte handelte, die sein Patriotenherz erwärmten.

An Bauwerken und Skulpturen schätzte er im wesentlichen nur die Zeugnisse der Römer. Von den neueren Künstlern hielt er wenig oder machte nicht viel Aufhebens von ihnen. Palladio (1508–1580), der große italienische Baumeister zwischen Renaissance und Barock, macht eine bemerkenswerte Ausnahme. Eine ausgeprägte Neigung zur Musik läßt er nicht erkennen. Am ehesten scheint ihm die Musik Mozarts etwas bedeutet zu haben. Für die Oper hatte er nichts übrig.

Aufgeschlossener stand er den technischen Errungenschaften seiner Zeit gegenüber und den sich daraus ergebenden Perspektiven für die Wirtschaft, insbesondere Handel und Verkehr. So weiß er auf die Eisenbahn ein Loblied zu singen und die Realisierung des alten, auf seinen Liebling Karl den Großen zurückgehenden Projekts einer Schiffahrtsverbindung von der holländischen Nordseeküste zum Schwarzen Meer durch den Bau des Donau-Main-Kanals (Ludwigs-Kanal) beschäftigt und aktiviert ihn in starkem Maße.

Ein weiteres Anliegen ist ihm die Kultivierung des Erdinger Mooses bei München, einmal, weil er meint, daß von den großen Sumpfgebieten Seuchengefahr ausgehe, vor allem aber als sinnvolles Arbeitsbeschaffungsprogramm, um die Arbeitslosigkeit und die Auswanderungslust einzudämmen. In diesem Falle nahm er die Verwirklichung seines Planes auch selbst beherzt in die Hand und trotz aller anfänglichen Misere bei der Durchführung hat er sich hier ein bleibendes Denkmal gesetzt.

Fassen wir zusammen und fragen uns abschließend, was von diesem seltsam widerspruchsvollen, wundersamen Menschen bleibt, so wird man sagen können:

Bei allem Närrischen, welches ihm unleugbar anhaftete, war der Eremit ein bemerkenswerter Mann, der für damalige Verhältnisse unerhört weit in der Welt herumgekommen ist und herausragende Persönlichkeiten, denen er begegnete, zu beeindrucken wußte; ein Mann mit vielen, auch verdienstvollen Aktivitäten und ein Kopf voller – teils kluger, teils wirrer – Ideen, kontrastreich in seinen Licht- und Schattenseiten und auf jeden Fall ein interessanter Zeuge seiner Zeit. Und wenn er auch sonst in Vergessenheit geraten sollte, in seiner Dorfgründung Hallbergmoos wird er vermutlich noch lange in ehrendem Gedenken bleiben.

ANMERKUNGEN

[1] Achent, »Der Eremit von Gauting« oder »Alles muß ächt sein«, Karlsruhe 1841

[2] Broich bei Jülich nicht bei Duisburg, wie oft zu lesen ist, vermutlich infolge Verwechslung der Flußnamen Rur (Jülich) und Ruhr (Duisburg).

[3] Zuweilen wird in der Literatur auch der Vorname Karl mit angegeben. Das ist unzutreffend. Vielleicht liegt Verwechslung mit dem Namen seines Bruders Karl vor, den, wie auch einen weiteren Bruder August, weder Gistel kennt, noch Künßberg erwähnt, die es aber gegeben hat, wie aus einem Akt im Bayerischen Hauptstaatsarchiv, Abt. Kriegsarchiv (OP 78279) hervorgeht. Möglich wäre auch eine Verwechslung mit dem Vetter Theodors, dem späteren Generalleutnant der Artillerie in der bayerischen Armee, Karl Theodor von Hallberg-Broich.

[4] Sogar die Herzen der bayerischen Patrioten sollte der »Alte Fritz« noch erobern, als der in Altbayern unbeliebte Kurfürst Karl Theodor sich mit der Absicht trug, Bayern im Austausch gegen die österreichischen Niederlande (heute Belgien) an Österreich abzutreten und der Preußenkönig wesentlichen Anteil hatte, daß dies verhindert wurde.

[5] Nicht erst beim Tode des Vaters 1793, wie ein Schreiben Theodors an den bayerischen König vom 6. 10. 1811 beweist. (Bay. HStAM, Kriegsarch. OP 78282)

[6] Ob Hallberg nach dem Tode der Lady Stuart sich erst einmal nach Hause begab oder sogleich nach Skandinavien weiterreiste, (was näher zu liegen scheint), war nicht eindeutig zu ermitteln.

[7] Vgl. hierzu Wilhelm Wendland, Versuche einer allgemeinen Volksbewaffnung in Süddeutschland während der Jahre 1791-1794, Berlin 1901

[8] Gistel, und nach ihm andere Autoren, geben neben beziehungsweise statt Hallbergs Mutter hier seine Frau an. Das kann nicht richtig sein, denn Hallbergs Eheschließung fand nicht vor 1811 statt. Zu der Zeit war aber Josephine Beauharnais nicht mehr Kaiserin; ihre Ehe mit Napoleon wurde 1809 aufgelöst. Caroline, Hallbergs Ehefrau, geb. 1796, war, wie auch Gistel

bemerkt, bei der Eheschließung fünfzehn Jahre alt. Demnach müßte die Ehe 1811 geschlossen worden sein.

[9] Die Angaben von Gistel und Künßberg gehen auseinander. Näher liegt es wohl, den 30. 4. 1813 als Geburtsdatum anzunehmen. So auch GHdA, Frhrl. H.A 5 (Bd. 30 der Gesamt-Reihe vgl. auch Anm. 20.)

[10] Künßberg: a. a. O. 183 f.

[11] Meist unrichtig zitiert als »Politisches Kochbuch«.

[12] Die Reise ist beschrieben in dem Buch »Reise nach Skandinavien«, Leipzig und Köln 1818. Darin wird weder etwas von seinen Staatsstreichplänen noch von seiner Ausweisung erwähnt, was allerdings aus Zensurgründen verständlich wäre.

[13] Aus Graf Stehlins biographischen Umrissen, Stuttgart 1844, zitiert bei Künßberg, a. a. O. 208

[14] Durch kurfürstliche Verordnung vom 15. 6. 1801 war auf Veranlassung Napoleons die Direktion des Topographischen Bureaus in München gegründet worden.

[15] Gemeint ist die bayerische Verfassung vom 18. 5. 1818, der das Provisorium der »Konstitution« von 1808 vorausgegangen war.

[16] Auf seinen Antrag hin ehrenhalber verliehenes Bürgerrecht. Künßberg, a. a. O. 187, meint zwar, auch Freising habe ihn 1826 zum Ehrenbürger gemacht. Das konnte mir vom Stadtarchiv Freising (Herrn Roth) jedoch nicht bestätigt werden.

[17] »Wolfgang Menzels Denkwürdigkeiten«, hg. von Konrad Menzel, Stuttgart 1877, 228 f.

[18] Vedam – wohl Veda, Veden, Name der ältesten heiligen Schriften der Inder.

[19] 1 bayerischer Fuß = 0,29 m

[20] Wenn die Geschichte sich tatsächlich so abgespielt haben sollte, was anzunehmen ist, ergeben sich Schwierigkeiten mit der zeitlichen Einordnung dieses Stockholm-Besuches. Geht man mit Künßberg davon aus, daß die beiden Kinder Hallbergs 1814 und 1815 (30. 4.) geboren sind, müßte der Besuch zwischen Ende 1813 und Anfang 1815 stattgefunden haben, was unwahrscheinlich ist, da Hallberg zu der Zeit im Militärdienst eingespannt war und kaum Muße für eine solche Reise gefunden haben dürfte. Folgt man Gistel hinsichtlich des Geburtsdatums der Tochter, Amalie Franziska, der den 30. 4. 1813 angibt, könnte der Besuch Anfang 1813 geschehen sein, was eher passen würde.

[21] und Tochter des bayerischen Königs Maximilian I.

[22] Marmotten – in den Alpen lebendes Murmeltier.

[23] Karl X., König von Frankreich (1824-1830), Bruder Ludwigs XVI. und Nachfolger Ludwigs XVIII., betrieb eine anti-liberale, restaurative Politik in Richtung auf Wiederherstellung

des Absolutismus, wodurch eine neuerliche Revolution unvermeidlich wurde. In der Juli-Revolution 1830 zur Abdankung zugunsten seines Enkels Louis Philippe gezwungen, starb er 1836 im Exil.

[24] Der damals junge preußische Generalstäbler und spätere Generalfeldmarschall Helmuth von Moltke hielt sich um dieselbe Zeit wie Hallberg in der Türkei auf als Instrukteur des türkischen Heeres. 1835, während der Anreise, befaßte er sich mit den Verhältnissen des serbischen Fürstentums. Seine Stellungnahme zu dem Serbenfürsten lautete: »Milosch, dieser außerordentliche Mann, hat mit dem Schwert die Freiheit seiner Landsleute erkämpft, aber er hat es verschmäht, ihren bürgerlichen Zustand zu begründen. Gewiß tat er recht, das Ansinnen derer von der Hand zu weisen, welche Kammern, Wahlen und Abstimmungen, kurz eine neue Kopie der charte vérité von der Seine an die Morawa versetzt wissen wollten; aber was dem Lande unstreitig nottat, waren Gesetze. Der Fürst hat sich allein die ganze Fülle der Macht vorbehalten und die Ordnung eines Feldlagers in die Staatsverwaltung übertragen. Er sieht sich als alleinigen Grundherrn im ganzen Umfange seines Fürstentums an, weil, als die Türken diese Gegend unterwarfen, das Eigentumsrecht der Serben erlosch und auf den Sultan überging . . . Die Serben glauben aber, mit ihrem Blut das Recht ihrer Väter wieder erkauft zu haben. Endlich scheint es, daß Milosch allen Handelsverkehr an sich gerissen hat, namentlich den für Serbien so wichtigen und einträglichen Schweinehandel, in welchem Geschäft dieser Fürst aufgewachsen ist. Er hat dadurch unermeßliche Reichtümer angehäuft, und dies Monopol hat weit mehr als große blutige Rechtsentscheidungen Reaktionen herbeigeführt.« H. v. Moltke, Briefe über Zustände und Begebenheiten in der Türkei, 6. Aufl., Berlin 1893, 10

[25] Rumelien – ehemalige osmanische Statthalterschaft, umfaßte das alte Thrakien und den Osten Makedoniens.

[26] H. v. Moltke, damals der wohl wichtigste westliche Militärberater des Sultans, erwähnt Hallberg nicht. Offensichtlich war dessen Einfluß auf den Sultan nicht nur kurzfristig, sondern auch ohne nachhaltigere Wirkung.
Mahmud II., Sultan des Osmanischen Reiches von 1808–1839. Unter ihm wurden unter anderem Miloš Obrenović in Serbien wie auch Mehmed Ali in Ägypten zu autonomen Herrschern in ihren Ländern. Die Griechen erlangten ihre Unabhängigkeit in einem Rumpfgebiet als Königreich unter Otto I. von Wittelsbach. Im Innern entledigte er sich seiner Gegner durch die blutige Niederwerfung einer Janitscharen-Revolte, wodurch er

den Weg für sein Reformwerk freimachen, die Funktionsfähigkeit der Zentralbehörden wiederherstellen und eine grundlegende Staatserneuerung einleiten konnte.

[27] Mehmed Ali, Herrscher Ägyptens (1805/06-1849), kämpfte als türkischer Offizier 1798 in Ägypten gegen Napoleon. Als Statthalter des Sultans baute er später am Nil eine Machtstellung auf, die ihn zu einem gefährlichen Rivalen seines Oberherrn und zu einem gewichtigen Faktor in der Orientpolitik der europäischen Großmächte machte. Als er dazu überging, die Machtstellung des Sultans erfolgreich anzugreifen, traten die europäischen Großmächte (außer Frankreich) gegen ihn auf. 1840 zwangen sie ihn, seine Eroberungen außerhalb Ägyptens aufzugeben und erkannten ihn dafür als Erbstatthalter in Ägypten an, so daß auch der Sultan ihm die Stellung eines autonomen Herrschers in Ägypten zubilligen mußte.

[28] Walter Wolf, Die Welt der Ägypter, Stuttgart 1955, 35. Wolf meint dazu, man könne die Bauten der Pyramiden nicht gründlicher mißverstehen, als in ihnen lediglich Zeugnisse einer ungeheueren Despotie zu sehen, welche die Kräfte des ganzen Volkes in den Frondienst für das Grab eines einzelnen gezwungen habe. Weil der Glaube der Zeit in dem König die Verkörperung des Weltgeistes sah, war der Bau der Pyramiden nicht nur ein Akt des Bekenntnisses zum Staat, sondern auch tiefster Religiosität. Auch sei nicht zu verkennen, daß hinter der allgemeinen Arbeitsdienstpflicht das Bestreben stand, die bäuerlichen Arbeitskräfte, die während der Überschwemmungszeit zu feiern gezwungen waren, durch Heranziehung zu den Staatsbauten wirtschaftlich zu versorgen.

[29] Herzog Maximilian in Bayern: Wanderung nach dem Orient im Jahre 1838, München 1839, 100 ff.

[30] Künßberg, a. a. O. 208, meint, die Auszeichnung sei ihm verliehen worden wegen der durch ihn bewirkten Beilegung der Streitigkeiten (Preußens) mit dem Erzbischof von Köln und weil es ihm zu verdanken gewesen wäre, daß in Ägypten Missionare predigen durften und das katholische Kloster in Isphahan nicht aufgehoben wurde.
Das sind meines Erachtens durch nichts belegte Spekulationen. Auch Gistel verwirft solche Mutmaßungen als »grundlos«. Was die Beilegung der sogenannten Kölner Wirren betrifft, findet sich zum Beispiel in der sehr ausführlichen Arbeit von R. Lill, die Beilegung der Kölner Wirren 1840-1842, 1962 erarbeitet an Hand der Akten des vatikanischen Geheim-Archivs, nicht die geringste Spur einer Mitwirkung des Eremiten.

[31] Gut Chameregg bei Cham im Bayerischen Wald war durch Erbschaft von seinem Vetter, dem bayerischen Generalleutnant

der Artillerie, Karl Theodor Freiherr von Hallberg-Broich († 1840), an die Familie Theodors gefallen. Dort wohnte sein Sohn Hermann Siegburg.

[32] Werst – früheres russisches Längenmaß = 1,067 km.

[33] Schah Muhammed (1834-1848). Seine Herrschaft war, wie die seines Vorgängers Feth Ali (1797-1834) und seines Nachfolgers Nasireddin (1848-1896), nicht nur durch die erzwungene Abhängigkeit von den europäischen Mächten, sondern vor allem durch beispiellose Ausbeutungsmethoden dem Lande verderblich.

[34] Für die islamische Zeitrechnung nach Mondjahren zu 354 Tagen bildet die Hedschra, die Übersiedlung Mohammeds von Mekka nach Medina, den Ausgangspunkt.

[35] Unterhaltungsbeilage zum Münchner Fremdenblatt, IV. Jahrg. 1884, 134-137

[36] Nach Eberhard Weis, in »Unbekanntes Bayern«, TB-Ausgabe, München 1976, Bd. 10,205

[37] Die anderen beiden Brüder Karl und August waren schon lange verstorben: August 1795 und Karl 1836.

[38] Zit. bei Ludwig Schrott, Biedermeier in München, 1963, 271

[39] Zar Nikolaus I. von Rußland, 1825-1855, autokratisch regierender Herrscher, führte erfolgreiche Kriege gegen Persien und die Türkei, warf 1830/31 den Aufstand in Kongreßpolen nieder, scheiterte nach anfänglichen Erfolgen mit seiner Balkanpolitik im Krimkrieg 1854-1856.

[40] Der Wiener Kongreß 1814/15 hatte die Selbständigkeit Polens nicht wieder hergestellt, nur eine Neuaufteilung vorgenommen. Dabei entstand das mit Rußland in Personalunion verbundene Königreich Polen, später allgemein »Kongreßpolen« genannt. Von allen Teilbereichen des alten Polen war Kongreßpolen unter dem Zaren der Teil mit der freiheitlichsten Verfassung. Dennoch kam es, geschürt vom Adel und dem hauptstädtischen Bürgertum, unter dem Einfluß der Pariser Juli-Revolution gerade hier zum Aufstand, den Zar Nikolaus blutig niederschlug. Die Tapferkeit der Aufständischen sowie die Strafmaßnahmen, die praktisch die weitgehende Selbständigkeit des Königreichs Polen aufhoben, sicherten den Polen die Sympathien aller liberalen Kräfte in Europa.

[41] H. V. Moltke, der den Sultan in seinen Briefen aus der Türkei ausführlich und abgewogen gewürdigt hat, sah sich am Ende doch zu dem Fazit gezwungen: »Sultan Mahmud hinterließ seinem jungen Nachfolger das Land im traurigsten Zustande, denn abgesehen von der augenblicklichen Verwicklung ist das osmanische Reich mit Bezug auf die neuen Einrichtungen, die noch nicht Wurzeln geschlagen, schwach wie ein Kind und hin-

fällig wie ein Greis in den älteren Institutionen, welche sich überlebt haben.« (Quelle siehe Anm. 24)

[42] Der volle Wortlaut der Anzeige (nach Gistel im »Fränkischen Kurier« ohne Angabe des Erscheinungsortes) ist bei Gistel und Künßberg gleichlautend wiedergegeben. Die betreffende Zeitungsausgabe habe ich nicht ermitteln können. Die später als »Fränkischer Kurier« in Nürnberg erscheinende Zeitung nannte sich 1848 »Mittelfränkische Zeitung«. Sie enthielt die Anzeige nicht.
Der Text im ganzen ist so konfus und für den Zweck der Anzeige kontraproduktiv, daß man sich fragen muß, ob es der Eremit mit der Auswanderung überhaupt ernst gemeint hat.

[43] Gustav IV. König von Schweden (1792-1809), seit 1801 entschiedener Gegner Frankreichs, hielt auch nach der Kontinentalsperre (1806) an dem Bündnis mit England fest. Nach Verlust Finnlands an Rußland (1808/09) abgesetzt und des Landes verwiesen.

[44] Bei der Neuordnung Europas auf dem Wiener Kongreß war Belgien (ehemalige österreichische Niederlande) mit Holland zum Königreich der Vereinigten Niederlande verbunden worden. Ein Aufstand der Belgier gegen die holländische Bevormundung (1830) führte zur internationalen Anerkennung eines selbständigen Belgiens.

[45] Hallbergs Schrift selbst war dem Verfasser nicht erreichbar.

[46] Die absurde moralische Diffamierung Luthers bewegte sich zu Zeiten Hallbergs und noch bis an die Schwelle unseres Jahrhunderts durchaus im Rahmen geläufiger katholischer Lutherbeurteilung. Verstieg sich doch noch 1903 A. Busenbacher in einem dreibändigen Pamphlet zu der Behauptung, Luther sei um des Weibes willen von der Kirche abgefallen, da er in der unbeugsamen Sittenlehre des Papsttums das gewaltigste Hindernis und die schärfste Verurteilung seiner Heiratspläne sah. (Dazu ausführlich A. Herte, Das katholische Lutherbild im Banne der Luther-Kommentare des Cochläus, 3 Bde., Münster 1943; hier speziell Bd. 2, 324)

[47] Der Kanal wurde tatsächlich 1835-1846 gebaut, erfüllte jedoch nicht die Erwartungen. Die Gründe lagen einerseits in der geringen Leistungsfähigkeit des Kanals, andererseits in der stetig wachsenden Konkurrenz der Eisenbahn. Der Grundgedanke eines Schiffahrtsweges zwischen Nordsee und Schwarzem Meer quer durch den europäischen Kontinent hat jedoch seine Aktualität bis heute nicht eingebüßt, wie der derzeitige Ausbau des Europa-Kanals zeigt.

[48] Ad vocilandum sed non cognovit eam – nach dem Alten Testament, 1. Buch Könige, 1. Kap. 1-4; sinngemäß wohl zum Erwärmen, aber er schlief nicht mit ihr.

[49] Wolfgang Menzel, a. a. O. 229
[50] Daß Hallberg zeitweilig zum Islam übergetreten sein soll, wie gelegentlich behauptet worden ist, erscheint wenig glaubhaft. Vielleicht erklärt sich der plötzliche Sinneswandel beim Bey von Tunis gerade daraus, daß Hallberg sich zu diesem Schritt nicht entschließen konnte.
[51] Vgl. Anm. 30
[52] August Lewald, a. a. O. 288
[53] Jakob Minor, Goethes Mahomet, Jena 1907, 39 ff.

ZEITTAFEL

Daten zum Lebenslauf

1768	Theodor Maria Hubert Isidor Freiherr von Hallberg-Broich zu Broich im Herzogtum Jülich geboren
∼ 1776–1778	Besuch des Gymnasiums in Köln
∼ 1779–1781	Ausreißer aus Schule und Elternhaus; Schiffsjunge, Soldat, Kadett, Rückkehr ins Elternhaus.
1785	Vater kauft für Theodor Leutnantsstelle beim Jülicher Infanterie-Regiment.
1785/86–1793	Militärzeit, in der er Medizin studiert (Oxford, Paris, Wien, Göttingen, Heidelberg) ohne Arztabschluß.
1793	Tod des Vaters.
∼ 1794–1796	Erste Großreise, die ihn angeblich bis nach Amerika führt. Auf Rückreise in Schottland Verlobung mit Lady Stuart, die drei Tage vor dem Hochzeitstermin stirbt. Reise weiter über Skandinavien, Rußland, Türkei, Syrien, Cypern, Griechenland, Sizilien, Tunis, Spanien.

~ 1799-1800   Werbung für Volksbewaffnung gegen Frankreich an verschiedenen Höfen, unter anderem beim Kaiser in Wien. Haft im »Narrenturm«. Rückkehr nach Broich auf Umweg über Ungarn, die Karpathen- und Alpenländer. (Werbung für Volksbewaffnung zum Teil auch schon früher und noch später).

~ 1808   Verhaftung durch die Franzosen; acht Monate Haft in Paris. Freilassung auf Fürsprache von Kaiserin Josephine.

~ 1809   Beim Bey von Tunis. Plan zur Eroberung Italiens für den Bey; zum Generalissimus über 10.000 Mann ernannt, dann aber plötzlich nach Griechenland abgeschoben. Unterwegs kapern ihn die Engländer.

~ 1810   Theodor verbüßt sechs Monate Haft im Tower zu London, weil er irrtümlich für einen Spion Napoleons gehalten wird.

~ 1811   Nach Freilassung Reise durch England und Schottland. Auf Rückweg in Brüssel Bekanntschaft mit Caroline von und zu Olne, die er kurz darauf heiratet.

1813   Auftrag vom Freiherrn von Stein, Bauern am Rhein zu bewaffnen. Feldobristhauptmann über Landsturm von 30.000 Mann, mit denen er am 6. Januar 1814 den Rhein bei Koblenz überschreitet.

1814/1815   Neuer Auftrag, das Land zwischen Rhein und Maas militärisch zu organisieren. General-Marsch-Commissär der kaiserlich-russischen Truppen auf Vormarsch nach Paris. Nach Einnahme von Paris »General-Polizey-Direktor« der verbündeten Armeen in Paris. Festungsbaukommissär in Köln.

1817 Reise nach Skandinavien (mit Ehefrau); 1818 als Buch erschienen (1818/19 vermutlich nochmaliger Aufenthalt in Schweden), Plan eines Staatsstreiches, um König von Schweden zu werden. Es kommt nicht dazu, statt dessen zu seiner Ausweisung.

1818/19 »Deutsches Kochbuch für Leckermäuler und Guippées« erreicht in Kürze drei Auflagen und zieht Haftbefehl des Königs von Preußen nach sich.

1819 Aufnahme des Flüchtlings in Bayern, wo er sich in Fußberg bei Gauting in der Nähe Münchens niederläßt.

1820 Zeichnung von sechs »Post-Karten« europäischer Länder.

1821 Wanderung durch den Isarkreis (Oberbayern); 1822 als Buch »Reiseepistel durch den Isarkreis«.

1821/22 Reise (mit Familie) nach Italien; 1830 als Buch. Papst Pius VII. verleiht ihm Orden vom Goldenen Sporn und ernennt ihn zum Pfalzgrafen vom Lateran.

1825/26 Plan zur Trockenlegung großer Moorflächen zwischen Freising und Erding. Frühjahr 1826 Übersiedlung nach Schloß Birkeneck bei Freising.

1828	»Stammbuch der eisernen Hand des Götz von Berlichingen.« (Markige und gefühlsüberschwengliche Stammbuchverse).
1829	»Der Soldat«, »Rhapsodische Ansichten und Motive für Armenkolonien«, »Die Armenkolonie«.
1830	Reise nach Italien. Plan und (erfolglose) Verhandlungen über Trockenlegung der toskanischen Maremmen. Kauf und Heimtransport von sechs Eselinnen.
1831	»Über den Rhein-Donau-Kanal und den alten Handelsweg nach Indien«.
1832	Ehefrau Caroline gestorben. Sie hinterläßt zwei Kinder: Franziska Amalie (Fregie), geb. vermutlich 30. 4. 1813, und Hermann Siegburg, geb. 1814.
1833	»Über die Unzufriedenheit der Völker und Mittel, derselben abzuhelfen«; in München anonym erschienen, wird ihm jedoch zugeschrieben.
1836/37	Reise Frankreich-Algier; als Buch 1837 erschienen.
1837/38	Reise nach dem Orient. 1839 als Buch (4 Bde.), erschienen. Zweite Eheschließung. Seine armenische Ehefrau Jolanta stirbt wenige Tage nach der Hochzeit.

1839	Reise nach England und Schottland. Als Buch erschienen 1841. Weiterreise nach Schiffbruch auf dem Atlantik aufgegeben.
1840	Einzug zur Miete im Gasthof »Zum Schwarzen Adler« in München. Heiratswette: »Wunsch des Eremiten von Gauting«. »Aufruf an das deutsche Volk« zur Frage der Rheingrenze.
1842-1844	Großreise: Deutschland – Rußland – Kaukasus – Persien, als Buch 1844 erschienen. Besuch beim Schah von Persien, der ihn zum Sertib ernennt und ihm das Großkreuz des Löwen- und Sonnen-Ordens verleiht.
1847/48	Großreise über Italien nach Jerusalem; über Damaskus, Palmyra, Baalbek; zu Schiff weiter über Mekka und Aden nach Indien. Papst Gregor XVI. verleiht ihm Gregorius-Orden und Orden vom Heiligen Grabe. In Jerusalem wird er zum Ritter des Heiligen Grabes geschlagen.
1848	20. September: Zeitungsanzeige kündigt Absicht an, nach Amerika auszuwandern und lädt zur Beteiligung ein. Absicht wird nicht verwirklicht.
1850	Erwerb der Burg Hörmannsdorf (Niederbayern). 30. November: Anzeige im »Sammler«, das Alter habe ihn gezwungen, den Wanderstab niederzulegen.

| 1853 | Letztes Liebesabenteuer mit einer 18jährigen Freisinger Bürgerstocher. Mißglückte Augenoperation macht ihn gänzlich blind. |
| 1862 | 6. Januar: »Kurier für Niederbayern« veröffentlicht sein Testament. 17. April Tod durch Herzversagen, 19. April Beisetzung auf Friedhof der Gemeinde Weng. |

Daten zur Zeitgeschichte

1768	Frankreich kauft Korsika von Genua. Dadurch wird Napoleon 1769 als Franzose geboren.
1772	1. Teilung Polens zwischen Rußland, Österreich und Preußen
1775–1783	Nordamerikanischer Unabhängigkeitskrieg gegen England.
1777	Kurfürst Karl Theodor, Jülicher Landesherr, wird Kurfürst von Bayern († 1799).
1780	Kaiserin Maria Theresia gestorben, Joseph II. Kaiser († 1790).
1786	Friedrich II. König von Preußen gestorben. Nachfolger Friedrich Wilhelm II. (-1797).
1789	Sturm auf die Bastille; Beginn der Französischen Revolution.

1793/94	Schreckensregiment in Frankreich. Ludwig XVI. und Marie Antoinette Anfang 1793 guillotiniert. 1793 zweite polnische Teilung zwischen Rußland und Preußen. 1794 französische Truppen dringen bis an den Rhein vor.
1795	Dritte polnische Teilung (Restaufteilung des alten Polen).
1799	Napoleon Erster Konsul. Kurfürst Karl Theodor gestorben. Nachfolger Maximilian IV. Joseph, von 1806–1825 König.
1801	Friede zu Lunéville. Linksrheinische Gebiete definitiv an Frankreich abgetreten. Entschädigung der deutschen Fürsten rechtsrheinisch durch Auflösung der geistlichen Fürstentümer.
1803	Reichsdeputationshauptschluß. Höhepunkt der Säkularisation.
1804	Napoleon ernennt sich selbst zum Kaiser der Franzosen.
1806	Gründung des Rheinbundes unter Protektorat Napoleons. Ende des Heiligen Römischen Reiches Deutscher Nation. Bayern wird Königreich.
1809	Napoleon läßt sich von Josephine Beauharnais scheiden und heiratet 1810 Marie Luise, die österreichische Kaisertochter.

1810	Karl XIII., König von Schweden, adoptiert den französischen Marschall Bernadotte als schwedischen Kronprinzen.
1812	Rußland-Feldzug Napoleons leitet die Wende ein.
1813	16.-18. Oktober Völkerschlacht bei Leipzig.
1814	Erster Pariser Frieden; Napoleon auf Insel Elba verbannt. Wiener Kongreß 1814/15.
1815	Napoleon kehrt aus Verbannung zurück. Regierung der Hundert Tage. Schlacht bei Waterloo. Zweiter Pariser Frieden. Napoleon auf Insel St. Helena verbannt.
1815-1820	»Deutscher Bund«, Nachfolgeorganisation des Heiligen Römischen Reiches Deutscher Nation wird geschaffen, unter österreichischer Führung, mit »Bundestag« in Frankfurt.
1818	Karl XIII., König von Schweden, gestorben, Nachfolger Johann Bernadotte († 1844).
1819	»Karlsbader Beschlüsse« gegen politische und geistige Freiheit in Deutschland.
1821	Beginn des schließlich erfolgreichen Befreiungskampfes der Griechen (bis 1829).
1824	Ludwig XVIII. gestorben. Nachfolger

Karl X. (bis 1830), der eine anti-liberale, restaurative Politik betreibt.

1825   Alexander, Zar von Rußland, gestorben. Nachfolger Nikolaus I. († 1855); autokratischer Herrscher.
Maximilian I., König von Bayern, gestorben. Nachfolger Ludwig I. (bis 1848).

1830   Großmächte Großbritannien, Rußland und Frankreich beschließen Errichtung eines unabhängigen Königreiches Griechenland (Londoner Protokoll vom 3. 2. 30).
Juli-Revolution in Frankreich zwingt Karl X. zur Abdankung. Nachfolger Louis Philippe (bis 1848).
Frankreich erobert Algerien.
Belgien erhebt sich gegen die niederländische Regierung und wird selbständiges Königreich.
Polnischer Aufstand gegen die russische Oberherrschaft wird 1831 blutig niedergeschlagen.

1831   Verheerende Cholera-Epidemie

1832   »Hambacher Fest« der süddeutschen Demokratie hat Aufhebung von Presse- und Versammlungsfreiheit zur Folge.
Goethe gestorben.

1835   Erste Eisenbahn in Deutschland zwischen Nürnberg und Fürth.

1837   Viktoria, Königin von Großbritannien (bis 1901).

1840	Londoner Vertrag zur Befriedung der Levante. Mehmed Ali wird autonomer Herrscher Ägyptens, muß aber seine außerägyptischen Eroberungen herausgeben. Diplomatische Schlappe Frankreichs führt zur Rheinkrise. Friedrich Wilhelm III., König von Preußen, gestorben. Nachfolger Friedrich Wilhelm IV. (bis 1857, † 1861).
1848	Februar-Revolution in Frankreich. Sturz der Monarchie. Zweite französische Republik mit Louis Napoleon, Neffen Napoleons I., als Präsidenten. März-Revolution in Deutschland und Österreich. Deutsche Nationalversammlung in Frankfurter Paulskirche. König Ludwig I. von Bayern dankt ab. Nachfolger Maximilian II. († 1864). Kommunistisches Manifest von Marx und Engels.
1852	Louis Napoleon als Napoleon III. zum erblichen Kaiser Frankreichs gewählt.
1854–1856	Krimkrieg Rußlands gegen Großbritannien, Frankreich und Österreich endet mit Niederlage Rußlands.
1855	Nikolaus I., Zar von Rußland, gestorben.
1859	Italienischer Befreiungskrieg. Österreich verliert gegen Italien und Frankreich die Lombardei.
1861	Viktor Emanuel II., König von Italien

(außer Rom und Venedig) mit Hauptstadt Florenz (bis 1878).

1862   Absetzung Ottos von Wittelsbach als König von Griechenland.

LITERATURVERZEICHNIS

I. Schriften des Eremiten von Gauting

(Die mit * gekennzeichneten Schriften waren dem Verfasser nicht erreichbar)

Reise nach Skandinavien. Leipzig/Köln 1818

Deutsches Kochbuch für Leckermäuler und Guippées. 2 Teile, 3. Auflage, Düsseldorf 1819

Reise-Epistel durch den Isarkreis. Augsburg 1822

Lob der Diebe. *

Stammbuch der eisernen Hand des Götz von Berlichingen. München 1823

Der Soldat. Augsburg 1829*

Rhapsodische Ansichten und Motive für Armen-Kolonien. Frauendorf 1829

Die Armen-Kolonie. Eine Epistel. München 1829

Über den Rhein-Donau-Kanal und den alten Handelsweg nach Indien. Augsburg 1831

Über die Unzufriedenheit der Völker und Mittel, derselben abzuhelfen. München 1831 (erschien anonym, wird ihm aber zugeschrieben)*

Reise durch Italien. Augsburg/Leipzig 1830

Frankreich-Algier. München 1837

Gebetbuch für die Kolonie Hallberg. Freising 1838*

Reise nach dem Orient (in den Jahren 1836/37/38). Stuttgart 1839, 4 Teile

Reise nach England. Stuttgart 1841

Reise durch Deutschland, Rußland, Caucasus, Persien. 2 Teile, Stuttgart 184?

Kriegsgeschichten, Reisen und Dichtungen. Aus den hinterlassenen Papieren, hg. von Mt. Baron Künßberg-Thurnau, Landshut 1862

II. Schriften und Beiträge über den Eremiten von Gauting

(ohne Aufsätze in Zeitschriften und Zeitungen)

Feike, Herbert: Chronik von Hallbergmoos. Hallbergmoos 1980

Gistel, Johannes: Leben des preußischen Generals Freiherrn von Hallberg-Broich, genannt Eremit von Gauting. Berlin 1863

Greif, Martin: Nachgelassene Schriften. Leipzig 1912, 330-337

Guggenbichler, Otto: in Unbekanntes Bayern. Taschenbuchausgabe, Bd. 2, München 1976, 77-86

Krämer, Wolfgang: Der Eremit von Gauting. Speyer 1930

Künßberg-Thurnau, Mt. Baron: Kriegsgeschichten, Reisen und Dichtungen. Aus den hinterlassenen Papieren des Herrn Freiherrn von Hallberg-Broich (Eremit von Gauting) mit biographischen Skizzen über den Verfasser. Landshut 1862

Lewald, August: in Panorama von München. 1. Teil, München 1835, 281-289

Lohmeier, Georg: Ein Bayerischer Münchhausen. Der Eremit von Gauting. Ein Hörbild. Bayerischer Rundfunk vom 18. 2. 1968

Meingast, Fritz: in Berühmte und Berüchtigte. München 1975, 106-113

Schaehle, Franz: in Abenteuerliche Schicksale auf bayerischem Boden. Altötting 1931, 71-85

Schnell, Johann Georg: Die Colonie Hallbergmoos. Reichenhall 1851

Spengler, Karl: in Es geschah in München. 1962, 131-135

Stemplinger, Eduard: in Sonderlinge – Zwölf Charakterbilder. München 1937, 135-149

Weiß, Josef: in Hundert Jahre Hallbergmoos. Hallbergmoos 1930

Abkürzungen

I. Zeitschriften

BVfr	Der Bayerische Volksfreund
rT	Der Reisende Teufel
Fs	Faunus
NatKorr	Allgemeiner Bayerischer National-Korrespondent

II. Sonstige Abkürzungen

a. a. O.	am angegebenen Ort
Anm.	Anmerkung
AKol	Die Armen-Kolonie
BayHStAM	Bayerisches Hauptstaatsarchiv München
E	Reise nach England
FA	Frankreich-Algier
Frhrl. H. A.	siehe Gotha
GHdA	Genealogisches Handbuch des Adels (Frhrl. Häuser)
Gotha	Gothaisches genealogisches Taschenbuch der frhrl. Häuser
Hg.	Herausgeber
Ikr	Reise-Epistel durch den Isarkreis
It	Reise durch Italien
Kb	Deutsches Kochbuch für Leckermäuler und Guippées
KüNa	Kriegsgeschichten, Reisen und Dichtungen
O	Reise nach dem Orient
RAM.AKol	Rhapsodische Ansichten und Motive für Armen-Kolonien
RCP	Reise durch Deutschland, Rußland, Caucasus, Persien
RDKa	Über den Rhein-Donau-Kanal und den alten Handelsweg nach Indien
Sk	Reise nach Skandinavien

*Besonderer Dank gebührt den Bezirksheimatpflegern
für Oberbayern Paul-Ernst Rattelmüller und Stefan
Hirsch für ihre tatkräftige Unterstützung.*

© 1991 by Rosenheimer Verlagshaus
ISBN 3-475-52679-4

Dieses Buch erscheint in der Reihe »Rosenheimer Raritäten«
im Rosenheimer Verlagshaus Alfred Förg GmbH & Co. KG,
Rosenheim.
Den Satz erstellte Fotosatz Leingärtner, Nabburg.
Den Druck besorgte Wagner, Nördlingen, gebunden wurde es
von Conzella, München, die Reproduktionen fertigte
Hochland, Rosenheim.
Den Umschlag gestaltete Ulrich Eichberger, Innsbruck,
unter Verwendung des Bildes von Seite 10.